YOGA PARA A SAÚDE DOS OSSOS

Linda Sparrowe
com seqüências de yoga de
Patricia Walden

Yoga para a Saúde dos Ossos

Um Guia para a Mulher

Tradução
CARMEN FISCHER

Prefácio
DRA. SUSAN E. BROWN

EDITORA PENSAMENTO
São Paulo

Título original: *Yoga for Healthy Bones.*

Copyright © 2004 Linda Sparrowe.

Publicado mediante acordo com a Shambhala Publications, Inc.

300 Massachusetts Ave., Boston, MA, 02115, USA.

Todos os direitos reservados. Nenhuma parte deste livro pode ser reproduzida ou usada de qualquer forma ou por qualquer meio, eletrônico ou mecânico, inclusive fotocópias, gravações ou sistema de armazenamento em banco de dados, sem permissão por escrito, exceto nos casos de trechos curtos citados em resenhas críticas ou artigos de revistas.

A Editora Pensamento-Cultrix Ltda. não se responsabiliza por eventuais mudanças ocorridas nos endereços convencionais ou eletrônicos citados neste livro.

Dados Internacionais de Catalogação na Publicação (CIP)
(Câmara Brasileira do Livro, SP, Brasil)

Sparrowe, Linda
    Yoga para a saúde dos ossos : um guia para a mulher /
Linda Sparrowe com seqüências de yoga de Patricia Walden ;
tradução Carmen Fischer ; prefácio Susan E. Brown. — São Paulo :
Pensamento, 2006.
    Título original: Yoga for healthy bones : a woman's guide
    ISBN 85-315-1451-7
    1. Ioga 2. Mulheres – Saúde e higiene – Obras de divulgação
3. Ossos – Doenças – Prevenção – Obras de divulgação 4. Osteoporose
em mulheres – Obras de divulgação I. Brown, Susan E. II. Título.

06-3886   CDD-613.7046

Índices para catálogo sistemático:
1. Ioga para a saúde dos ossos : Aptidão física
613.7046

O primeiro número à esquerda indica a edição, ou reedição, desta obra. A primeira dezena
à direita indica o ano em que esta edição, ou reedição, foi publicada.

Edição	Ano
1-2-3-4-5-6-7-8-9-10-11	06-07-08-09-10-11-12-13

Direitos de tradução para o Brasil
adquiridos com exclusividade pela
EDITORA PENSAMENTO-CULTRIX LTDA.
Rua Dr. Mário Vicente, 368 — 04270-000 — São Paulo, SP
Fone: 6166-9000 — Fax: 6166-9008
E-mail: pensamento@cultrix.com.br
http://www.pensamento-cultrix.com.br
que se reserva a propriedade literária desta tradução.

Impresso em nossas oficinas gráficas.

Sumário

Prefácio da dra. Susan E. Brown 7

Capítulo 1 — Conhecendo os Próprios Ossos 13

Capitulo 2 — A Fisiologia dos Ossos 37

Capitulo 3 — A Relação com o Cortisol 47

Capítulo 4 — A Verdade sobre a Baixa Densidade Óssea 71

Capítulo 5 — O Diagnóstico da Osteoporose 117

Capitulo 6 — Assuma o Controle da Saúde dos seus Ossos 147

Referências 151

Agradecimentos 157

Prefácio

Todo animal que vive na natureza goza naturalmente de uma excelente saúde óssea. Enquanto milhões de seres humanos acima da meia-idade, por mais que se esforcem para combatê-los, sofrem hoje de problemas ósseos. Só nos Estados Unidos ocorrem desnecessariamente mais de um milhão e meio de fraturas. E a incidência nesse país de fraturas causadas pela osteoporose continua aumentando, apesar do orçamento federal dos National Institutes of Health (NIH) para pesquisas relacionadas à osteoporose ter chegado a 198 milhões de dólares em 2002. Algo está errado e parece que a ciência médica moderna não consegue encontrar a solução. Parece que nem com todos os cavalos e homens do rei se consegue recuperar a saúde dos ossos. Por que, afinal, o rei, com todos os seus cavalos, cientistas e pesquisadores e seus enormes orçamentos não estão conseguindo resolver esse problema?

Nós do Osteoporosis Education Project acreditamos que o conhecimento seja o elemento que está faltando: não o conhecimento cada vez mais minucioso das especificidades ósseas (que a ciência moderna prima por produzir), mas o conhecimento do "quadro mais amplo"; conhecimento da interligação, da unidade, enfim da perspectiva holística. Nossos ossos são dinâmicos, seus tecidos estão em constante mudança e em permanente interação com o sistema global mente-corpo. Cada migalha que ingerimos, cada movimento que fazemos e cada pensamento que temos afetam nossos ossos.

A filosofia do Yoga da Índia antiga propõe uma abordagem integrada e holística da saúde óssea, abordagem essa que se faz hoje tão necessária. Essa abordagem não tem nada a ver com ensaios clínicos ou diferentes opiniões científicas. Acima de tudo, a perspectiva do yoga tem tudo a ver com alinhamento, equilíbrio, harmonia e uma vida vivida de acordo com as leis naturais. Na verdade, se você se sente insegura em meio a todos esses relatórios e recomendações conflitantes sobre como ter e manter a saúde dos seus ossos, este livro lhe trará conforto. Com uma simplicidade fora do comum, Linda Sparrowe nos conduz a modos invariáveis e que respeitam a idade de cada uma de renovação da saúde não apenas dos ossos, mas de todo o nosso corpo.

Neste livro prático e ilustrado com belas fotos, Linda Sparrowe combina a sabedoria das tradições do antigo Oriente com os conhecimentos práticos da moderna ciência ocidental, resultando numa abordagem inovadora da saúde óssea. Com elegância e a fluência de jornalista, ela resume o conhecimento médico ocidental sobre osteoporose e saúde óssea. Indo além da ênfase superficial em cálcio e estrogênio, ela detalha uma vasta série de fatores de nutrição e estilo de vida que pode ajudar no desenvolvimento e na manutenção de ossos saudáveis. Com base nesse princípio fundamental, Linda explora as implicações da filosofia do yoga e os benefícios das posturas de yoga para a saúde dos ossos.

Linda nos faz recordar os princípios simples do repouso e da atividade. O repouso é o fundamento da atividade. A atenção que o yoga dá à respiração aumenta a nossa consciência dos princípios de dar e receber. Os atos de receber e soltar estão sempre presentes em nossa vida quando inspiramos e expiramos. Além do mais, esses princípios de permissão e aceitação próprios do yoga liberam nossa mente do exaustivo atravancamento, tão prejudicial à saúde dos nossos ossos, de pensamentos e julgamentos críticos. Os yogues da Índia antiga diziam que a vida ocorre em camadas. De fato, mesmo uma visão superficial da saúde óssea revela um grande número de camadas operacionais, fatores nutricionais, forças físicas e eletromagnéticas, influências hormonais, interações de ácidos-base, etc., etc. Eu passei duas décadas investigando os fatores materiais que exercem influência sobre os ossos. No entanto, há muito tempo que suspeito que os fatores imateriais — as camadas não materiais da vida — acabarão se revelando mais importantes para a saúde dos ossos do que os fatores materiais já reconhecidos.

Estudos recentes evidenciam as influências não materiais sobre os ossos. Como Linda mostra em detalhes, reconhece-se hoje a ligação entre depressão e osteoporose. Na realidade, qualquer estado mental ou emocional de desarmonia pode liberar o cortisol, a adrenalina e outros hormônios prejudiciais à saúde dos ossos. Num amplo estudo sobre a saúde óssea realizado recentemente no Canadá, a equipe da dra. Jerilynn Prior levantou novas questões sobre felicidade e preocupações e suas relações com a saúde dos ossos. Para surpresa de muitos, a pesquisa constatou que os sentimentos negativos de infelicidade e preocupação estavam mais associados a fraturas ósseas do que os fatores como a baixa ingestão de cálcio, falta de exercícios e tabagismo. Essas descobertas me desafiaram a considerar uma antiga citação bíblica que um cliente me lembrou há muitos anos. Trata-se do capítulo 15, versículo 30 do livro dos Provérbios, que diz: "A luz dos olhos alegra a alma; a boa reputação engorda os ossos."

O yoga pode ajudar a preservar e melhorar a estrutura óssea, não há dúvida sobre isso. E não apenas por suas posturas físicas e exercícios respiratórios, mas também pelo modo com que acalma a mente quando a respiração é desacelerada. E não apenas por acalmar a mente, mas, além disso, pelo fato dessa quietude mental propiciar a consciência de que estamos ligados e em união com o poder divino da vida. Mesmo circundados por camadas de atividade tumultuada, nós começamos a sentir no nosso centro que, na verdade, tudo está bem no universo. Permitir a nós mesmos passar para esse profundo estado de bem-estar é algo que acabará se revelando, eu desconfio, uma das coisas mais importantes que podemos fazer pela saúde dos nossos ossos.

Faça bom proveito deste livro. Comece um curso de yoga. Alongue-se em todos os sentidos e inspire vida nova para dentro dos seus ossos.

Susan E. Brown, doutora em filosofia, C.C.N.,
Diretora do Osteoporosis Education Project

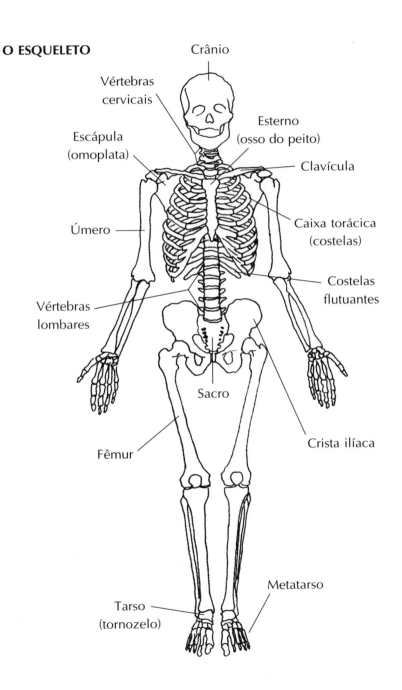

Capítulo 1

Conhecendo os Próprios Ossos

QUANDO FOI A ÚLTIMA VEZ QUE VOCÊ LEMBROU QUE TEM OSSOS? QUANDO DEU com as canelas contra a perna daquela cadeira? Quando sua coluna "entrou em colapso" sem nenhum motivo aparente? É mais do que provável que você só lembre que seus ossos existem quando algum deles dói. E, então, você só quer se livrar da dor e voltar para a sua rotina diária. Seus ossos merecem mais do que isso. Afinal, eles são tão importantes para a sua saúde em geral quanto todos os outros órgãos e sistemas do corpo — fato que muitos de nós displicentemente ignoramos até surgir alguma dor.

Qualquer pessoa pode ter dor nas articulações e ossos a qualquer idade e em qualquer parte do corpo. Bailarinos queixam-se de problemas nos quadris e tornozelos machucados. Tanto pessoas que trabalham em escritório quanto operários de produção procuram alívio para suas dores lombares. Mulheres grávidas sofrem muitas vezes de ciática, enquanto pessoas mais velhas praguejam contra a aparência corcunda e o incômodo da hipercifose (curvatura excessiva da coluna torácica conhecida como "corcunda de viúva"). Embora lesões, defeitos congênitos e até mesmo desequilíbrios imunológicos possam contribuir para uma série de problemas ósseos e articulares, a maioria deles é resultante da postura errada e fraqueza muscular, problemas esses que são agravados por fatores como stress, gravidez, alimentação inadequada, tensão emocional e excesso de trabalho.

Como vamos explicar neste livro, o yoga pode ajudar você a cuidar dos seus ossos de muitas maneiras. A primeira é que uma prática diária de yoga

— que leva seu corpo a exercitar todos os tipos de movimento — melhora sua postura e aumenta seu tônus muscular e isso leva à redução da enorme carga imposta às articulações. A segunda é que muitas posturas envolvem força para sustentar o próprio peso, o que faz aumentar a massa óssea. E a terceira é que a prática regular resulta num sono mais repousante e ajuda a reduzir o nível de stress, o que, por sua vez, contribui significativamente para a saúde dos ossos. Mesmo que suas dores e pontadas sejam resultantes de alguma doença degenerativa grave, como a osteoartrite ou a osteoporose, a prática regular de yoga, acompanhada de uma alimentação balanceada e hábitos de vida saudáveis, pode ajudar a estancar o progresso da doença e melhorar sua qualidade de vida.

QUANDO VOCÊ DEVE SE PREOCUPAR — E POR QUÊ?

Nunca é cedo demais — e, neste contexto, nem tarde demais — para dar atenção a seus ossos. Patricia Walden, uma das mais respeitadas professoras de yoga Iyengar de todos os Estados Unidos, observa que o corpo que você tem hoje é resultado direto do que você fez no passado, mas o corpo que você terá no futuro depende dos hábitos que cultivar hoje. E esse adágio vale igualmente para a saúde dos ossos. A osteoporose — fraturas ósseas causadas por uma perda excessiva de densidade mineral óssea e baixo nível máximo de massa óssea (o nível máximo de densidade óssea que uma pessoa atinge durante toda a sua vida) — pode parecer uma doença de "velha", mas o fato é que quanto mais fortes forem seus ossos e melhor sua saúde como um todo durante a infância, a adolescência e a vida adulta, menor será a probabilidade de você sofrer de osteoporose mais tarde. Você começa a desenvolver sua massa óssea na primeira infância — os bebês que são amamentados levam uma vantagem sobre os alimentados com mamadeira — e atinge seu nível máximo de massa óssea quando completa 30 anos. Você pode até certo ponto influenciar o nível de densidade óssea por meio de uma alimentação adequada, da prática de yoga e do cultivo de hábitos de vida saudáveis. Na realidade, alguns médicos dizem que, com os devidos cuidados, você pode aumentar o nível máximo de densidade óssea em quase 20% durante o período que vai da adolescência até antes de completar trinta anos e que isso bastaria para evitar a osteoporose. Mas, com freqüência, a genética também tem seu papel a cumprir.

Preocupar-se com os ossos aos dezoito ou 25 anos (ou quarenta ou cinqüenta) pode parecer um tanto quanto exagerado ou até mesmo uma mania, uma vez que fraturas causadas pela osteoporose podem ou não ocorrer a partir dos setenta anos, mas a osteoporose é uma doença grave que afeta uma vasta parcela da população e que pode ser fatal.

O QUE É EXATAMENTE A OSTEOPOROSE?

Osteoporose significa literalmente "ossos moles ou porosos". Existem dois tipos de osteoporose, que atingem grupos um pouco diferentes de pessoas. O tipo 1, corretamente catalogado como "osteoporose pós-menopausa", afeta as mulheres que entram na casa dos quarenta ou cinqüenta anos com um baixo nível máximo de massa óssea e não conseguem suprir a perda inevitável de 10 a 20% da densidade óssea que ocorre nos cinco ou sete anos após a cessação da menstruação. As fraturas mais comuns ocorrem nos pulsos e vértebras desse grupo de alto risco e afeta mais a trabécula (substância esponjosa encontrada no interior do córtice) do que a própria parte dura e externa do osso.

O tipo 2 de osteoporose, o que está relacionado com a idade, é um mal igualitário que afeta tanto homens como mulheres com mais de 65 anos. Enquanto as vítimas do tipo 1 sofrem um rápido declínio no volume de massa óssea, as do tipo 2 de osteoporose vão sofrendo essa perda aos poucos durante um período que vai de trinta a 35 anos. Esse grupo vai provavelmente ter de enfrentar fraturas nos quadris, como também fraturas vertebrais que podem resultar em hipercifose. As fraturas resultantes de osteoporose do tipo 2 afetam tanto o osso trabecular (parte interna) quanto o cortical (parte externa).

Homens e mulheres podem igualmente sofrer de osteoporose secundária, isso significa que as fraturas ósseas são causadas por um agente "de fora" ou outra doença, como o hipertireoidismo, hiperparatireoidismo, tumores ósseos e osteoporose pós-trauma resultante de lesão.

As fraturas causadas pela osteoporose podem ocorrer de uma das seguintes duas maneiras: A mais comum é a resultante de uma pequena queda, na qual a pessoa quebra algo que não deveria — como um pulso ou quadril. Essas fraturas são evidentemente dolorosas e requerem tratamento imediato. Mas existem também as "fraturas espontâneas" que vão ocorrendo nas vértebras durante a realização das atividades normais ao longo dos anos e são relativamente indolores. Essas são fraturas que comprimem a coluna e reduzem a altura, além de contribuírem para a cifose.

Até recentemente, os médicos consideravam a osteoporose como um simples resultado inevitável do envelhecimento, um mal que mais cedo ou mais tarde ocorreria. Hoje muitos médicos atribuem a doença a uma perda de massa óssea, o que significa que o corpo perde mais células ósseas do que consegue produzir. E essa perda — segundo eles — faz com que os ossos se tornem fracos e instáveis e, portanto, aumentem o risco de fraturas. Qual é o problema com essa teoria? Todas as mulheres, a partir dos trinta anos, perdem mais massa óssea do que produzem, mas nem todas acabam curvadas ou com ossos quebrados aos setenta, oitenta ou noventa anos.

Mas as estatísticas são assustadoras. De acordo com a National Osteoporosis Foundation dos Estados Unidos, essa doença silenciosa pode afetar 44 milhões de americanos, sendo 80% deles mulheres. Quando as mulheres nascidas durante o período das altas taxas de natalidade entre 1945 a 1952 chegarem ao final da menopausa, a alarmante cifra de 52 milhões delas terá grande risco de contrair a osteoporose e esse número subirá para mais de 61 milhões quando essas mulheres chegarem aos setenta e oitenta anos. Artigos publicados na grande imprensa alardeiam números ainda mais estarrecedores:

- Uma de cada duas mulheres americanas acima dos cinqüenta anos terá fraturas causadas pela osteoporose; 1,5 milhão dessas fraturas ocorrem anualmente, sendo 300 mil fraturas dos quadris, 700 mil das vértebras e 250 mil dos pulsos.

- Noventa por cento de todas as mulheres com mais de 75 anos têm osteoporose.

- Cinqüenta por cento de todas as mulheres que sofrem fraturas dos quadris jamais voltam a andar e apenas 15% conseguem andar sozinhas pelo quarto depois de seis meses.

A maioria dos médicos adverte às mulheres que o rápido decréscimo na produção de estrogênio e progesterona depois da menopausa as levará inevitavelmente à osteoporose. Mas, de acordo com a dra. Christiane Northrup, no seu notável livro *Women's Bodies, Women's Wisdom,* responsabilizar a falta de hormônios pela osteoporose é algo demasiadamente simplista, especialmente quando as estatísticas indicam que "até 50% da massa óssea que as mulheres perdem no decorrer de toda a vida ocorre antes do início da menopausa". Ela observa ainda que algo entre "6 e 18% das mulheres entre 25 e 34 anos têm um nível máximo de densidade óssea extremamente baixo", mas que a baixa (ou mesmo extremamente baixa) densidade óssea não justifica a conclusão precipitada de que essas mulheres terão fraturas ósseas causadas pela osteoporose. O corpo da mulher simplesmente não destrói a si mesmo depois da menopausa porque seus ovários param inadvertidamente de produzir o estrogênio e a progesterona de que ele necessita para ter ossos saudáveis.

Patricia diz

Para prevenir a osteoporose, é importante incorporar inversões e *asanas* (posturas) de sustentação do próprio peso na prática diária. As posturas do Cachorro Olhando para Baixo (Adho Mukha Svanasana), a da Parada de Cabeça (Sirsasana) e a do Arco Olhando para Cima (Urdhva Dhanurasana) são excelentes. Para a pessoa que é praticante experiente, firmar-se sobre as mãos ou equilibrar-se sobre os cotovelos também é recomendável. Essas posturas, assim como a postura do Arco Olhando para Cima, requer a sustentação do próprio peso, o que é importante para o aumento de massa óssea.

Embora as estatísticas sejam estarrecedoras, uma leitura atenta dos estudos mostra que dos 44 milhões de pessoas consideradas de "alto risco", apenas dez milhões (80% dos quais são mulheres) chegam de fato a desenvolver a osteoporose. De acordo com a National Osteoporosis Foundation, 20% de todas as mulheres caucasianas e asiáticas não-hispânicas com mais de cinqüenta anos, 10% de todas as mulheres hispânicas com mais de cinqüenta anos e 5% de todas as mulheres afro-americanas acima dos cinqüenta anos têm de fato osteoporose. Apesar dos 34 milhões de mulheres restantes apresentarem índices de baixa densidade óssea que as colocam em risco de contrair osteoporose, é importante lembrar que a apresentação de uma baixa densidade mineral óssea (BMD) é indício de um fator de risco mais elevado, não indício da própria doença.

Mesmo assim, os médicos prescreveram por anos a fio — e as mulheres seguiram as prescrições — a terapia de reposição hormonal (TRH) com base na suposição de que o coquetel de estrogênio e progesterona constituiria a única garantia contra essa doença potencialmente fatal. E, então, em 2001, o Heart and Estrogen/Progestin Replacement Study (HERS), que acompanhou por quatro anos 2.700 mulheres na pós-menopausa, concluiu que a TRH não era mais eficaz do que qualquer placebo como proteção às mulheres contra fraturas ósseas. Lamentavelmente, o estudo não ofereceu nada promissor no lugar da TRH e deixou as mulheres se perguntando, "E agora, o que fazer?"

FATORES DE RISCO INEVITÁVEIS

Existem certos fatores de risco que são genéticos e contra os quais muito pouco se pode fazer. Uma pessoa extremamente magra, por exemplo, encaixa-se no perfil de risco mais elevado para desenvolver a doença. Simplesmente porque seus ossos não são tão fortes e densos quanto os de uma mulher de ossos maiores ou de um homem de tamanho médio. Você tampouco pode fazer qualquer coisa para mudar a situação no caso de sua mãe e a mãe dela terem suportado fraturas causadas por pressão das vértebras em idade avançada, aumentando, com isso, também seu grau de risco. O mesmo acontece com as toxinas ambientais às quais você não pode fazer nada para evitar.

Qual é a principal causa apontada por todas as tabelas de fatores de risco como responsável pelo enfraquecimento dos ossos? O fato de ser mulher. Embora as mulheres caucasianas e asiáticas tenham mais chances de desenvolver osteoporose do que as afro-americanas, o risco é maior para todas as mulheres do que para os homens. Por que isso? Os homens, afinal, sofrem mais de doenças relacionadas com o alcoolismo do que as mulheres; os homens também têm asma, tomam corticóides e antiinflamatórios, fumam, se alimentam mal e preferem o sofá a se exercitarem no mínimo com a mesma freqüência que as mulheres. E, então, por que essa diferença? As mulheres, infelizmente, começam com uma constituição menor e, portanto, uma estrutura óssea mais delicada que a dos homens; ou seja, elas têm um menor nível máximo de densidade óssea. E assim, quando as mulheres sofrem uma redução hormonal drástica durante e após a menopausa, elas não têm a mesma reserva de minerais ósseos à qual recorrer. Cinco anos ou mais após a menopausa, entretanto, essa perda óssea causada pelos hormônios se nivela. Quando as mulheres chegam aos setenta e oitenta anos, as fraturas que elas sofrem são provavelmente mais resultantes da osteoporose do tipo 2 (relacionada com a idade) ou com a osteoporose secundária (resultante de outros problemas de saúde ou doenças). Os homens são igualmente suscetíveis a esses tipos de osteoporose. Na verdade, é quase tão comum ver um homem idoso curvado pela hipercifose (causada pela osteoporose) quanto uma mulher.

COMO O YOGA PODE AJUDAR

Nenhuma postura de yoga vai metamorfosear uma mulher num homem, mas uma prática regular de yoga é do que as mulheres precisam para fortalecer seus ossos e manter suas glândulas supra-renais saudáveis (para produzir o nível hormonal necessário após a menopausa). A seqüência para prevenir ou reverter a perda de massa óssea apresentada nas pp. 75-114 permite que seu corpo realize todos os movimentos e posturas em pé, bem como equilíbrios, flexões para trás e para a frente, inversões e outras *asanas* para manter-se forte e flexível. Se você tem uma constituição pequena e ossos frágeis, pare de fumar, não exagere na bebida e procure ter uma alimentação saudável e rica em verduras, legumes e cereais integrais — você precisa de toda ajuda possível.

FATORES DE RISCO QUE VOCÊ PODE CONTROLAR

Se a baixa densidade óssea não é prognóstico certo de osteoporose e os altos níveis de cálcio não significam necessariamente sua prevenção, o que provoca as fraturas ósseas com o envelhecimento? Os terapeutas holísticos dizem que a osteoporose — condição precária dos ossos acompanhada de baixo nível máximo de massa óssea — é uma doença criada em grande parte por nosso estilo de vida ocidental. Susan E. Brown, doutora em filosofia e autora do livro *Better Bones, Better Body*, e diretora do Osteoporosis Education Project em East Syracuse, Nova York, é uma antropóloga médica e nutricionista formada, cuja obra enfoca amplamente a perspectiva cultural da fragilidade óssea. Sua pesquisa indica que em todas as culturas as mulheres na menopausa perdem mais massa óssea do que produzem, mas que em muitas dessas culturas a incidência de fraturas causadas pela osteoporose é extremamente baixa. É evidente que as mulheres ocidentais estão fazendo algo errado. A dra. Brown acredita que "inadvertidamente, incorremos em hábitos alimentares e num estilo de vida que abusam do cálcio e de outros minerais alcalinizantes em grande detrimento de nossa saúde óssea".

Considere seus ossos como se fossem uma conta bancária. Quanto mais massa óssea você depositou nela depois da puberdade, maior é a quantidade que você terá disponível aos trinta anos, quando a perda de massa óssea começa a exceder a sua produção. Quando a perda de massa óssea se acelera após a menopausa, a sua conta consegue suportar as constantes retiradas, porque a reserva de massa que lhe resta é forte e saudável. Entretanto, se você já "gastou" massa óssea em excesso na sua juventude, esse rápido declínio pode colocá-la em situação de maior risco de contrair osteoporose depois da menopausa.

Muitos fatores contribuem para o excesso de retiradas de sua conta bancária óssea. Os ciclos menstruais irregulares na adolescência e ao longo dos vinte anos aumentam o risco de osteoporose. Jovens atletas femininas — praticantes de atividades físicas básicas, bailarinas, ginastas — que têm ciclos menstruais intermitentes costumam mostrar sinais de perda de massa óssea na coluna mesmo antes da menopausa. O mesmo acontece com garotas anoréxicas que pararam de menstruar porque deixaram de ovular. Distúrbios da glândula paratireóide afetam os níveis de cálcio e podem colocar a pessoa em situação de risco. Tensões constantes, uma dieta altamente acidífera, deficiências minerais e até mesmo a falta de exposição à luz solar podem contribuir para a existência de problemas menstruais que podem levar à osteoporose.

Má postura

O hábito da má postura cedo na vida aumenta o risco da pessoa ter hipercifose mais tarde e essa forte curvatura da parte superior da coluna é um fator de risco a fraturas causadas pela osteoporose. Mulheres jovens com tendões da perna ou músculos dos ombros tesos, que andam com a cabeça arqueada para a frente ou com grave escoliose torácica (curvatura da espinha) são fortes candidatas à hipercifose.

A postura da cabeça inclinada para a frente, indício típico de uma auto-imagem negativa e de depressão, e também um problema que ocorre tanto com pessoas inativas como com as que ficam por muito tempo diante do computador, pode levar à cifose quando não corrigida. Mães que amamentam e que carregam seus bebês nas costas também sofrem os efeitos dessa postura. Você pode achar que essa postura só afeta a parte superior da coluna e os músculos do pescoço, mas andar com a cabeça inclinada para a frente tem conseqüências duradouras em todo o seu corpo. Lembre-se de que para curvar, torcer e girar apropriadamente, sua coluna tem de estar bem alinhada. As vértebras têm de estar encaixadas de modo correto; as colunas cervical, torácica e lombar têm de manter suas curvas; e os músculos que as suportam têm de relaxar completamente quando não estão sendo usados. Quando você fica sentada ou anda com a cabeça inclinada para a frente, muitas coisas acontecem. A parte superior da coluna e os músculos do pescoço imediatamente se contraem para manter a cabeça erguida. Quando a tensão nos músculos da parte superior da coluna e do pescoço é crônica, a pessoa pode chegar a ter dores de cabeça e até mesmo artrite nessa região. Depois de um tempo, esses mesmos músculos perdem a elasticidade e ficam enfraquecidos por terem feito todo esse esforço, o que pode causar problemas de disco intervertebral no pescoço e possíveis fraturas causadas por tensão. Quando a cabeça sai do alinhamento, a curva cervical diminui, a curva torácica aumenta exageradamente e a curva lombar se achata. Com a coluna torácica curvada, a capacidade de girar a parte superior das costas fica comprometida e isso acaba exercendo uma maior pressão para que a coluna lombar exerça essas funções.

Fatores de risco da osteoporose

- Descendência caucasiana ou asiática
- Histórico familiar de osteoporose
- Histórico de prática exagerada ou deficiente de exercícios
- Amenorréia (menstruações atrasadas)
- Constituição óssea pequena
- Histórico de excesso de regimes alimentares
- Dificuldade para absorção de cálcio ou excreção excessiva (determinada por exames de sangue e urina e densitometria óssea)
- Hipertireoidismo
- Tabagismo
- Depressão clínica ou alto nível de ansiedade
- Consumo excessivo de álcool, carne vermelha e cafeína
- Exposição a toxinas ambientais
- Menopausa precoce ou remoção dos ovários antes do processo natural da menopausa
- Uso de drogas com prescrição médica, como antiepilépticos, esteróides e descoagulantes.

A postura da cabeça inclinada para a frente envia sinal ao cérebro de que os músculos estão precisando de ajuda para responderem à tensão, de modo que até mesmo as glândulas supra-renais entram em ação produzindo cortisol, o hormônio do stress que dispara a reação de combate ou fuga. Outras partes do corpo também sofrem. As escápulas saem do alinhamento, causando problemas de rotação e inflamação nos tecidos circundantes. As clavículas movem-se para a frente; o tórax volta-se para dentro; e os pulmões — ressentindo-se da falta do devido espaço para funcionar — pressionam o diafragma, empurrando-o para baixo contra a parede abdominal. Os músculos abdominais enfraquecem, o que, por sua vez, vai causar mais problemas na coluna lombar.

A postura da cabeça inclinada para a frente afeta também a pessoa mental e emocionalmente. Ela acaba se concentrando nos pensamentos em detrimento das emoções, sendo literalmente "conduzida" pela cabeça e ficando separada das sensações físicas. Tudo isso por sentar e andar com a cabeça inclinada para a frente!

COMO O YOGA PODE AJUDAR

Se esse problema crônico de postura não for corrigido, ele só vai piorar. O yoga pode ajudar, tratando tanto das causas emocionais quanto físicas dessa postura errada. Os yogues acreditam que guardamos grande parte da nossa dor emocional no plexo solar (a área situada entre o coração e o umbigo); o desejo instintivo de nos proteger também vem dessa região do corpo. Assim, se você tem pouca auto-estima ou sofre da síndrome da "pobre coitada", você tem o que os yogues chamam de "coração fechado" e tenta criar uma barreira defensiva em torno dele curvando os ombros e deixando o peito encolher-se para dentro. Qualquer postura que abra o peito vai abrir seu coração e trazer-lhe alegria. Mas para agir com sucesso contra os ombros curvados, o diafragma comprimido e o abdômen saliente, você terá de fortalecer também os músculos da parte superior da coluna.

A seqüência das posturas em pé atua no sentido de corrigir esse erro postural por concentrar-se no alinhamento correto e no fortalecimento do centro na região em volta do umbigo; essas posturas também ajudam a tirar o foco da cabeça e passá-lo para os pés, servindo para aterrar a energia no chão. Abrindo os ombros e o pescoço, os músculos dessas regiões relaxam e soltam-se, permitindo que a força vital (aquilo que os yogues chamam de *prana*) mova-se em direção ao coração. As flexões para trás abrem o peito e, com isso, aumentam a capacidade dos pulmões e a circulação e fortalecem os músculos das costas. As posturas invertidas recuperam o equilíbrio do sistema nervoso. É claro que uma prática diária de posturas (como as da seqüência para reverter ou prevenir a perda de massa óssea descrita nas pp. 75-114) que fazem flexionar, alongar e girar a coluna é a ideal para promover a postura correta.

Falta de exercícios

Muitos estudos demonstram consistentemente que a prática de exercícios faz aumentar o nível de massa óssea em mulheres que já passaram pela menopausa. O segredo, segundo a dra. Kendra Kaye Zuckerman, diretora do programa de combate à osteoporose dos hospitais da Allegheny University, na Filadélfia, está na prática regular de exercícios — no mínimo, trinta minutos por dia, cinco dias por semana. Os exercícios funcionam porque estimulam a reconstituição óssea e aumentam a absorção de cálcio pelos ossos. Mas não é qualquer tipo de exercício que serve. Exercícios de sustentação do próprio peso e movimentos que exercem pressão sobre os ossos são os que estimulam a retenção de cálcio. Em geral, os profissionais da saúde recomendam os exercícios de caminhar e correr porque eles estimulam os ossos dos pés, pernas, pélvis e coluna por combinarem os efeitos da gravidade e da contração muscular. Ao contrário, a natação (que pode ajudar a aliviar dores nas articulações e aumentar a mobilidade) não tem nenhum efeito no sentido de aumentar a produção de massa óssea.

O yoga é uma opção muito mais eficaz enquanto exercício de sustentação do próprio peso do que caminhar ou correr porque exerce pressão sobre todos os ossos, não apenas os da parte inferior do corpo. As posturas sobre as mãos e as flexões para trás desafiam os dedos das mãos, as mãos, os pulsos e os ombros a trabalharem juntos para manter o peso do corpo. A Parada de Cabeça (Sirsasana) e a Parada de Cotovelos (Pincha Mayurasana) estimulam os ossos dos cotovelos e antebraços como também os do pescoço e da coluna. Por fazer com que a coluna realize todos os movimentos que lhe são devidos, a prática completa de yoga melhora a postura e mantém os músculos que envolvem os ossos fortes e flexíveis.

Se os exames indicam que você já começou a perder massa óssea — e pode, portanto, estar suscetível a fraturas vertebrais causadas por tensão — você deve evitar os exercícios de correr, porque eles exercem muita pressão sobre os joelhos, os tornozelos e a coluna lombar. No entanto, você pode continuar (ou começar) praticando yoga, uma vez que pode adaptar as posturas às necessidades sem prejudicar seu nível de eficácia.

Uma outra observação com respeito aos exercícios aeróbicos: Tome cuidado para não se exceder, seja qual for a sua idade. O excesso de exercício com sua conseqüente perda de gordura pode realmente aumentar os riscos de osteoporose, de acordo com as recomendações da National Osteoporosis Foundation. As mulheres jovens, que tiveram o peso reduzido tão drasticamente que chegaram a parar de ovular, arriscam-se a ter a doença mais tarde na vida.

Uso de antiinflamatórios

Certos medicamentos aumentam o risco de osteoporose. O uso de corticosteróides — drogas antiinflamatórias usadas para tratar de uma série de doenças, como lúpus, asma, distúrbios celíacos, doença de Crohn, colite ulcerativa e artrite reumatóide — pode interferir no processo de reconstituição óssea, de acordo com informações publicadas pelos National Institutes of Health (NIH). Quanto mais longo for o tempo de uso dessas drogas (prednisona, cortisona e outras), maior será a perda de densidade óssea, uma vez que elas inibem a absorção de cálcio e vitamina D, dois ingredientes fundamentais para a boa saúde dos ossos. Os corticosteróides também interferem na produção de estrogênio e progesterona, que são necessários para o desenvolvimento dos ossos. Baixos níveis desses hormônios podem causar fraqueza muscular, o que aumenta os riscos de queda. As estatísticas sugerem que o uso de drogas esteróides seja responsável por 20% de todas as fraturas causadas pela osteoporose.

Asma

Por uma série de razões, os asmáticos têm grande probabilidade de desenvolverem a osteoporose. A primeira é porque eles costumam tomar corticosteróides para controlar a asma e esses podem não apenas inibir a absorção de cálcio, como também aumentar sua excreção pelos rins. A segunda é que, se você tem asma, provavelmente não se exercita tanto quanto deveria ou não faz os exercícios que fortalecem os ossos, porque esses podem provocar ataques de asma. Nadar, exercício que os médicos costumam recomendar aos asmáticos, opera milagres para a musculatura, mas significa pouco para os ossos por não envolver sustentação de peso, como fazem os exercícios de yoga, caminhada e corrida, os esportes como vôlei, basquete e a dança.

COMO O YOGA PODE AJUDAR

A asma realmente responde bem à prática de yoga. Num artigo publicado no *Yoga Journal*, a asmática e professora de yoga Barbara Benagh cita o dr. Gay Hendricks, autor de *Conscious Breathing*, dizendo que a asma é "mais um distúrbio do padrão respiratório do que uma doença". Como os asmáticos tendem a respirar excessivamente — isso é, inspirar fundo demais — e não expirar completamente, Benagh percebeu que ela precisava concentrar-se para encurtar suas inspirações e prolongar suas expirações e, também, fazer uma pausa entre uma e outra, e que isso acabou ajudando-a a desacelerar o ritmo de sua respiração. Ela também enfatiza a importância de se começar e terminar a prática respiratória com a Postura do Cadáver (Savasana) para permanecer profundamente relaxada durante todo o processo.

Aprendendo a respirar

Tony Sanchez e sua mulher, Sandy Wong-Sanchez da U.S. Yoga Association (de San Francisco), criaram o Yogasthma, programa para ajudar no controle da asma, com a colaboração dos hospitais Kaiser Permanente e St. Luke de San Francisco. O programa faz uso das posturas (asanas) e das técnicas respiratórias do yoga para ajudar crianças e seus familiares a controlarem a asma. Um elemento muito importante na sua prática de yoga, como na de Barbara Benagh, é o tempo de relaxamento. A Postura do Cadáver (Savasana) proporciona ao corpo o repouso profundo de que ele precisa para se repor, se desenvolver e se fortalecer. Tony e Sandy sugerem que os asmáticos se concentrem na respiração e nos seus pulmões enquanto relaxam completamente. Como Tony e Sandy gostam de dizer: "Sorria para si mesmo; você está no controle de sua asma."

As posturas de yoga (asanas) também funcionam. Elas podem fortalecer e relaxar os músculos do tórax e das costas, abrir os pulmões para aumentar sua resistência e capacidade respiratória, além de acalmar o corpo. Se você sofre de asma não tem pulmões capazes de tirar proveito dos exercícios de sustentação do próprio peso, como caminhar ou correr, mas pode praticar yoga. Com ele, você vai obter os mesmos benefícios da seqüência de posturas lentas e deliberadas, nas quais você está sempre respirando conscientemente, que obteria de uma caminhada rápida de trinta minutos.

O yoga também lhe dá consciência do próprio corpo. Como ele põe a respiração em contato com o corpo, você percebe melhor o que provoca determinado episódio e o que faz com que você se acalme e alivie a gravidade de seus sintomas.

Para estabelecer uma prática eficaz de yoga, concentre-se em dois princípios: as posturas que abrem o peito e as posturas que acalmam a ansiedade. Em outras palavras, quando você não está sentindo os sintomas, pratique as posturas em pé e as flexões para trás que energizam e levam oxigênio a seus pulmões. Inclua também as flexões para a frente que utilizam o oxigênio da respiração para acalmar e restaurar o equilíbrio. Pratique as posturas em pé, como a Postura da Montanha (Tadasana) com os braços em diferentes posições, como a Postura do Triângulo Estendido (Utthita Trikonasana) e a Postura da Meia-Lua (Ardha Chandrasana), como também flexões para trás levemente apoiadas como a Postura da Ponte (Setu Bandha Sarvangasana), a Postura Reclinada em Ângulo Fechado (Supta Baddha Konasana) e a Postura do Camelo (Ustrasana) usando uma cadeira como apoio, se necessário. A Postura da Criança (Adho Mukha Virasana) e a Postura em Pé com Flexão para a Frente (Uttanasana) com a cabeça apoiada são extremamente relaxantes. Termine sempre a prática com cinco ou dez minutos na Postura do Cadáver (Savasana).

Mesmo que a prática de yoga não permita necessariamente que você jogue fora seu inalador de esteróide ou pare de tomar corticosteróides via oral, a gravidade dos seus sintomas pode diminuir o suficiente para que você acabe reduzindo a dosagem e a freqüência desses medicamentos.

Além de praticar yoga regularmente, preste atenção no que você come e bebe. Aumente seu consumo de frutas e verduras frescas, beba muita água e afaste-se dos alimentos açucarados que produzem muco e que, por isso, podem ser os causadores diretos de um ataque de asma. É claro que você não vai querer parar de tomar medicamentos sem consultar seu médico, mas uma menor dependência desses medicamentos pode se transformar num número menor de fraturas provocadas pela osteoporose mais tarde.

Distúrbios digestivos

As pessoas que sofrem de doenças do intestino irritável (doença de Crohn, colite ulcerativa, síndrome do intestino irritável) também fazem parte do grupo de alto risco de contrair a osteoporose. Segundo a Crohn's and Colitis Foundation of America, de 30 a 60% das pessoas que sofrem desses males têm baixo nível de densidade óssea, provavelmente por terem dificuldade de absorver cálcio e vitamina D do trato intestinal para a corrente sangüínea.

COMO O YOGA PODE AJUDAR

A prática regular de yoga pode ajudar a aliviar os sintomas dolorosos dos distúrbios digestivos. Os médicos ayurvédicos treinados na antiga arte indiana de tratamento holístico acreditam que problemas emocionais contribuem para o surgimento desses distúrbios. Eles acreditam que as emoções, assim como os alimentos não "digeridos" pelo organismo, contribuem para suas enfermidades. A raiva e o ressentimento reprimidos, de acordo com a medicina ayurvédica, podem perturbar o equilíbrio delicado da vesícula biliar, do duto biliar e do intestino delgado. Uma prática restauradora acalma a mente e abre o coração e pode, portanto, ajudar a liberar essas emoções reprimidas.

O yoga proporciona o equilíbrio entre a atividade e o repouso de que o corpo precisa para seu bom funcionamento. Ele dá a você a oportunidade de voltar-se para dentro de si mesma e perceber do que seu corpo está precisando. Certas posturas e exercícios respiratórios são apropriados para problemas digestivos específicos. Se seus problemas digestivos têm a ver com a pré ou pós-menopausa, dê atenção particularmente a suas glândulas supra-renais, tireóide e fígado, além da região abdominal e trato intestinal. As torções e inversões vão ajudar você a fazer isso.

Se você sofre de excesso de fogo digestivo — caracterizado por surtos de indigestão, refluxo acídico ou sensações de ardência depois de comer — precisa praticar as posturas que esfriem seu sistema digestivo. As melhores posturas para solucionar esses problemas são as flexões para trás, que Patricia chama de "suptas". Essas posturas elevam um pouco o diafragma para tirar a pressão sobre o estômago. Isso facilita a respiração e a circulação de sangue oxigenado pelo abdômen. Você não vai querer fazer as flexões para a frente se estiver com o "ventre queimando" ou com diarréia, uma vez que essas posturas colocam pressão excessiva sobre o abdômen e fazem aumentar o calor. No entanto, as flexões para a frente são benéficas no caso de você estar com gases ou prisão de ventre. E, além de seu efeito naturalmente calmante sobre o sistema nervoso central, as flexões para a frente exercem uma suave pressão sobre o abdômen, ajudando-o a liberar os gases aprisionados.

As posturas em pé, se você tiver disposição para praticá-las, podem melhorar as funções da digestão e da eliminação. Você pode fazê-las usando uma parede como apoio para as costas se achar necessário. Muito semelhantes às flexões para trás com apoio, essas posturas modificadas podem esfriar seu sistema digestivo e aumentar a circulação nos seus órgãos abdominais.

Acrescentar algumas torções vai ajudar a tonificar e energizar as glândulas supra-renais, o fígado e os intestinos. Segundo Patricia, uma simples torção pode aliviar a gastrite e sua vesícula biliar vai adorar a massagem e a pressão das torções. Essa prática ajuda a prevenir a formação de cálculos biliares e facilita a digestão de gorduras.

As inversões, a quintessência das posturas de yoga, aliviam o sistema digestivo de muitas maneiras. Pelo simples fato de contrariarem a força da gravidade, elas dão uma pausa aos órgãos abdominais — e aos nervos que os suprem — e com isso aumentam o fluxo de sangue para a região. Ficar de ponta-cabeça é uma ótima maneira de liberar a congestão, melhorar a eliminação e aliviar um estômago cheio de gases. Ajuda também a equilibrar o sistema endócrino, especialmente o hipotálamo, que controla a função digestiva, bem como a glândula tireóide e as paratireóides que controlam o metabolismo; também acalma o sistema nervoso central. Mas tem um porém: Não deixe seu pobre sistema digestivo confuso, colocando-se de ponta-cabeça logo depois de comer. Espere sempre no mínimo de uma hora e meia a duas horas antes de colocar-se na posição invertida. E não pratique nenhuma dessas posturas se estiver com náusea ou dor de cabeça.

Terminar a sessão de yoga com a Postura do Cadáver (Savasana) traz você de volta para o seu centro e permite que você acalme seus órgãos abdominais com o poder de cura da respiração.

Alcoolismo

O alcoolismo é outro fator de risco da osteoporose porque esse vício prejudica o equilíbrio mineral do corpo. Do cálcio que você ingere, 98% vão para os ossos e os 2% restantes vão para o sangue e os dentes. A quantidade de cálcio que existe no seu sangue depende não só de quanto você ingere, mas também de quanto é propriamente absorvido e de quanto é excretado. Os alcoólicos raramente obtêm nutrição suficiente dos alimentos que comem, pois eles costumam se entupir de porcarias enquanto tomam bebidas alcoólicas, o que os torna deficitários de minerais. Se o organismo não recebe cálcio e outros minerais em quantidade suficiente para conseguir funcionar bem, ele vai "tomar emprestado" dos ossos, deixando-os fracos, porosos e suscetíveis a fraturas. Alguns estudos sugerem que o excesso de álcool na corrente sangüínea pode chegar a inibir o processo de reconstituição óssea.

O álcool em excesso pode aumentar os níveis do hormônio produzido pelas glândulas paratireóides no organismo, e isso envia sinal aos ossos para que liberem demasiado cálcio para a corrente sangüínea. Os níveis de cálcio no sangue elevam-se então excessivamente, o que, por sua vez, tem efeitos nocivos sobre as artérias que o levam para o coração.

O alcoolismo prolongado pode também prejudicar o fígado, os rins e o trato digestivo, tornando mais difíceis o processamento e a absorção dos minerais contidos nos alimentos. O álcool ingerido em excesso pode prejudicar o equilíbrio e a capacidade de caminhar e, por isso, os alcoólicos tendem a perder o equilíbrio e sofrer mais quedas do que a maioria das pessoas. O *Framingham Osteoporosis Study* realizado pela Tufts

University de Boston, em 2002, concluiu que homens e mulheres que bebem excessivamente correm maior risco de sofrer fraturas de quadris. E apesar de serem raras as fraturas vertebrais em mulheres com menos de cinqüenta anos, a possibilidade de elas ocorrerem aumenta para aquelas que abusam do álcool.

Muito embora o yoga não tenha a pretensão de curar o alcoolismo, muitos centros de tratamento oferecem hoje aulas de yoga duas vezes por semana, ou até mesmo diárias, como terapia auxiliar para equilibrar o sistema nervoso e reduzir a ansiedade e a compulsão de beber.

O consumo excessivo de álcool aumenta o risco de osteoporose, mas beber ocasionalmente um coquetel ou um copo de vinho à noite pode de fato reduzir a perda óssea em mulheres que já ultrapassaram a menopausa (mas não nas que estão na pré-menopausa). Segundo o National Resource Center dos National Institutes of Health, há indícios de que o álcool intensifique a conversão de testosterona em estradiol. Estradiol é uma forma de estrogênio que ajuda a manter a densidade óssea. O consumo moderado de álcool também faz aumentar a produção de calcitonina, o hormônio da tireóide que inibe a reabsorção óssea (a quebra do tecido ósseo para absorver mais cálcio). A boa notícia para bebedores compulsivos? Segundo os National Institutes of Health, quando a pessoa pára de beber, o processo de produção óssea retorna rapidamente e alguma perda óssea pode ser parcialmente recuperada.

Fumo

Como se já não houvesse razões suficientes para se abandonar esse vício, os estudos mostram hoje uma forte correlação entre a saúde precária dos ossos e o consumo de cigarros. Um estudo australiano de 1994 concluiu que as mulheres que fumam um maço de cigarros por dia durante toda a vida adulta terão um déficit de 5 a 10% na densidade óssea quando chegarem à menopausa, o que é suficiente para aumentar o risco de fraturas. O estudo partiu da premissa de que o cigarro aumenta o risco de fraturas de vértebras, antebraço e quadril. Ele observou grupos de pares de gêmeas — num dos grupos, as gêmeas que fumavam no mínimo cinco pacotes anuais mais do que as outras (um pacote anual é a soma do número de maços fumados por dia). As gêmeas que fumavam mais apresentaram menor densidade óssea nas regiões do pescoço, parte superior da coluna torácica e da coluna lombar. Os pesquisadores constataram uma diminuição nas concentrações de hormônio secretado pelas paratireóides e de cálcio no soro sangüíneo, bem como uma maior quantidade de cálcio excretado pelos rins, uma evidência de que o cálcio estava sendo drenado dos ossos.

Apesar deles não saberem ao certo por que o consumo de cigarros causa redução da densidade óssea, uma razão pode ser porque as fumantes têm mais dificuldade para absorver os nutrientes dos alimentos que ingerem. A absorção precária de cálcio, magnésio, vitamina D e outras vitaminas e minerais dos alimentos pode fazer com que o organismo procure outras fontes, como os ossos. Segundo a edição de agosto de 1984 do *Journal of the American Medical Association (JAMA)*, parece que o cigarro reduz a quantidade de estrogênio na corrente sangüínea e, como o estrogênio reduz a capacidade de destruição óssea dos osteoclastos (ver Capítulo 2), menos estrogênio significa ossos mais porosos. O dr. John Lee, um forte defensor do tratamento com progesterona para problemas relacionados com a menopausa, acha que as fumantes de cigarros não expelem adequadamente as quantidades de gás carbônico e que isso pode afetar a saúde de seus ossos.

COMO O YOGA PODE AJUDAR

O yoga por si só não consegue resolver o problema com o vício da nicotina, mas pode ajudar. Uma das teorias em favor do fumo argumenta que ele ajuda a levantar o ânimo das pessoas que lutam contra a depressão. As posturas em pé e as flexões para trás podem fazer a mesma coisa. Se o hábito de fumar diariamente acalma sua ansiedade, tente fazer flexões para a frente e inversões com apoio no seu lugar. Muitas mulheres, depois de praticarem o yoga regularmente por vários meses, disseram que não queriam mais poluir o corpo com nicotina; outras acharam que a prática de asanas e pranayama (exercícios respiratórios) foi mais eficaz do que os vários remédios que tomaram para parar de fumar. "Praticar yoga, mesmo que seja por alguns poucos minutos concentrados na respiração, me fez parar de pegar outro cigarro", disse Caroline, editora de revista que havia fumado por mais de dez anos um maço de cigarros por dia.

Depressão

Pesquisas mais recentes sugerem que a depressão em mulheres na pré-menopausa representa um sério risco de osteoporose. Essa notícia um tanto quanto desanimadora significa também que a depressão é um problema de saúde grave com efeitos a longo prazo. O Center for Mental Health Services dos Estados Unidos sugere que pelo menos 5% dos americanos adultos sofrem anualmente de depressão. Outros pesquisadores acreditam que essa cifra chega a ultrapassar os 20%. No livro *Women's Bodies, Women's Wisdom*, Christiane Northrup estima que pelo menos um quarto da população feminina dos Estados Unidos enfrenta sérios problemas de depressão em algum momento ao longo da vida.

A maioria das mulheres considera a depressão incapacitante: O mundo coloca pressão sobre elas; há um nó no peito delas; a respiração é pouco profunda; elas perderam a capacidade ou o desejo de fazer qualquer coisa. Esse é um tipo de depressão (a crônica); ela toma conta de todo o seu ser e deixa você se sentindo tão vazia quanto um balão murcho. Mas milhares de mulheres sofrem de outro, igualmente insidioso, tipo de depressão que vem mascarado por altos níveis de ansiedade e é por isso chamado de depressão movida pela ansiedade. Seu estilo de vida altamente estressante as mantêm alienadas dos sentimentos que escondem atrás da tensão e do medo e as impede de reconhecer o que realmente acontece dentro delas. Elas estão sempre ansiosas, impacientes e perdem facilmente as estribeiras.

Se você já pratica yoga ou meditação, sabe que todas essas emoções — tristeza, desespero, ansiedade — afetam mais do que seu estado mental. Elas se manifestam no corpo na forma de irregularidades menstruais, distúrbios digestivos ou até mesmo dores no peito. Num nível ainda mais profundo, a depressão crônica ou a ansiedade também ataca o sistema nervoso.

E, então, o que é que toda essa tristeza e ansiedade têm a ver com ossos porosos? Se a depressão tem relação com alterações hormonais (depois da gravidez ou em torno da menopausa), a redução dos níveis de estrogênio pode ser a responsável. Níveis excessivamente baixos de estrogênio têm efeitos negativos sobre a densidade óssea, de modo que, como efeito colateral, uma depressão de natureza hormonal pode levar o corpo a produzir massa óssea de modo ineficiente. Tanto a glândula tireóide quanto as paratireóides ajudam a regular a quantidade de cálcio na corrente sangüínea, de modo que o hipertireoidismo — distúrbio que causa sintomas tanto de depressão quanto de fadiga — também perturba o processo de formação óssea.

Níveis elevados de cortisol — hormônio do stress — parecem exercer um papel importante na osteoporose relacionada com a depressão (Ver Capítulo 3). Num estudo de 1996, financiado pelo National Institute of Mental Health (NIMH), os pesquisadores encontraram — entre outros indicadores — níveis de cortisol mais altos do que os considerados normais na urina de mulheres que sofriam ou tinham sofrido de depressão. Altos níveis de cortisol, hormônio produzido pelas glândulas supra-renais, podem reduzir a capacidade de produção óssea do corpo. Apesar de um novo estudo do NIMH estar sendo realizado para esclarecer melhor a correlação entre a depressão e a perda de massa óssea, os pesquisadores acreditam hoje que o cortisol tenha um papel, que a depressão reduz a absorção de cálcio e que a deficiência de outros hormônios possa contribuir para a baixa densidade óssea.

A depressão sozinha não vai causar a osteoporose se a pessoa não pertence a outras categorias de risco — constituição frágil, baixo nível máximo de massa óssea, menstruações anovulatórias — e nem fuma nem bebe excessivamente. Mas as descobertas do estudo do NIMH, de que a redução da massa óssea era significativa em 24 mulheres em idade anterior à menopausa com bom estado de saúde geral (acima de 13% na região do pescoço e quase 11% na região dos quadris), sugerem que a perda de massa óssea que tem relação com a depressão pode aumentar em 50% o risco da pessoa sofrer fratura óssea em algum momento de sua vida.

COMO O YOGA PODE AJUDAR

Mesmo os iniciantes na prática de yoga reconhecem que é impossível separar os benefícios fisiológicos dos emocionais e espirituais do yoga. Afinal, como diz Patricia, os pensamentos afetam os sentimentos que, por sua vez, afetam a fisiologia. No yoga, o contrário também é verdadeiro. Por exemplo, a Postura Invertida do Bastão (Viparita Dandasana) é uma flexão para trás que abre o peito. O simples ato de erguer o peito pode melhorar seu estado emocional e levar sua mente a um estado maior de clareza. Ela cria espaço para a respiração se mover mais livremente e uma respiração mais livre resulta numa maior leveza de sentimentos. As flexões para trás também desfazem qualquer bloqueio no coração e em volta dele que possa estar contribuindo para você fechar os ombros e encolher o peito.

As posturas sentadas com flexão para a frente, por outro lado, podem acalmar o sistema nervoso que se excede quando você fica ansiosa ou com medo. Essas posturas oferecem um inestimável antídoto à sobrecarga de cortisol. As posturas invertidas permitem que o sangue oxigenado circule mais livremente, e isso acalma e, em seguida, energiza as glândulas das regiões da cabeça e da garganta. As posturas em pé podem também elevar seu estado de ânimo, fazendo com que você se sinta mais forte e mais capaz (literalmente, "plantada sobre os próprios pés").

A Postura do Cadáver (Savasana) e outras posturas restauradoras proporcionam repouso consciente a seu sistema nervoso simpático — e a todo o seu corpo — para que a cura possa ocorrer. Elas induzem a um estado de relaxamento completo e, assim, seu cérebro pode renovar-se e reequilibrar seus neurotransmissores. Elas também dão a você a oportunidade de olhar mais fundo no seu interior e descobrir onde estão as tensões e onde se alojam as dores e, além disso, enviarem a dádiva da respiração para ajudar a liberar um pouco das tensões e das dores.

O yoga lembra você de que nada é eterno, de que você não é nenhuma de suas emoções. Ao ficar numa determinada postura, especialmente alguma que no início lhe era desafiante, você descobre que, mesmo não se sentindo confortável, ou até mesmo insatisfeita, você pode estar bem. Na medida em que sua capacidade aumenta, você consegue ver que o que era impossível na semana anterior hoje é possível.

Trabalhar com a respiração nas posturas físicas e durante os exercícios respiratórios (pranayama) pode ser uma ajuda maravilhosa. Patricia diz que as inspirações profundas curam e levantam o ânimo e as expirações lentas e prolongadas acalmam os nervos. Não se surpreenda se sentimentos de tristeza, raiva ou até mesmo medo venham à tona durante a prática. Reconheça-os e deixe-os ir embora. Há muito tempo que eles esperavam poder sair.

Pratique os exercícios descritos nas pp. 51-69 com tanta freqüência quanto sua agenda permitir. Mas procure fazer pelo menos algum deles diariamente — como dez minutos na Postura do Cadáver (Savasana) por exemplo — para curar seu espírito e contrabalançar os efeitos que suas emoções exercem sobre o seu corpo.

Capítulo 2

A Fisiologia dos Ossos

PARA PODER ENTENDER COMO PREVENIR OU ATÉ MESMO REVERTER O PROCESSO DE perda de massa óssea, é importante você saber um pouco sobre como ocorre esse processo e começar a pensar em seus ossos como um tecido vivo em constante mudança. Seus ossos são fortes, porém flexíveis. A camada externa que encobre o osso é dura; dentro dela há um tecido esponjoso que se assemelha a um favo de mel. Chamada de trabécula, essa matriz é formada de fibras que contêm minerais cristalinos — principalmente cálcio e fósforo — e proteína de colágeno. Os minerais tornam o osso duro; o colágeno dá a ele sua força e flexibilidade. Os espaços no interior do favo de mel contêm vasos sangüíneos e a medula mole do osso que produz as células sangüíneas.

Seu organismo está sempre destruindo e reconstruindo o osso trabecular por meio de uma intrincada dança dos osteoclastos (células destruidoras) com os osteoblastos (células regeneradoras) coreografada pelos hormônios femininos estrogênio e progesterona, e acompanhada da testosterona, do hormônio das paratireóides, das glândulas supra-renais e da calcitonina, que é o hormônio da tireóide.

Os osteoclastos removem os minerais e as proteínas dos ossos e os liberam na corrente sangüínea num processo chamado de reabsorção óssea. Os osteoblastos os repõem. Primeiro, eles secretam o colágeno para refazer a matriz que os osteoclastos destruíram. Em seguida, eles procuram novas fontes de vitaminas A, C, D e K e minerais como cálcio, magnésio, fósforo, manganês, zinco, boro, cobre e silício para adicionar à matriz protéica e formar novos ossos. Quanto mais saudável for a matriz, mais forte e resistente serão os ossos.

Patrícia diz

- Mantenha a postura ereta, com a cabeça sobre os ombros e os ombros alinhados com os quadris, para evitar que haja pressão sobre a coluna. Pratique sentar, ficar em pé e andar com a mesma postura que você exercita na Postura da Montanha (Tadasana).
- Faça com que seu corpo exercite todos os movimentos — passando da postura em pé para a sentada, da postura normal para a invertida e vice-versa, para trás e para a frente e rotações para ambos os lados — para aumentar e manter a mobilidade e a flexibilidade. Incorpore as posturas restauradoras que permitem que seu corpo e músculos relaxem completamente.

O estrogênio, que predomina durante a primeira metade do ciclo menstrual, estimula os ossos a reter o cálcio. O estrogênio também tem algum controle sobre a quantidade de massa óssea que você perde reduzindo a ação destruidora dos osteoclastos. A progesterona, por outro lado, estimula a ação restauradora dos osteoblastos. Como a progesterona é produzida pelos ovários durante a segunda fase do ciclo menstrual, você precisa ovular para poder reconstruir a massa óssea de modo eficiente. Se você não ovula regularmente, vai perder massa óssea mais rapidamente do que produz, situação que não deveria ocorrer antes dos trinta anos.

Toda essa atividade de destruição e regeneração óssea tem uma meta importante: garantir que seu corpo tenha níveis apropriados de cálcio para funcionar bem. Seu corpo precisa de cálcio para regular os batimentos cardíacos, transmitir os impulsos nervosos e para a devida coagulação do sangue. A força dos seus músculos e ossos, e até mesmo dos seus dentes e gengivas, depende do cálcio, que é também necessário para que você possa contrair os músculos.

Os hormônios das glândulas tireóide e paratireóides têm a função de regular seu metabolismo e providenciar para que seu corpo tenha as quantidades de cálcio e vitamina D de que necessita. As glândulas paratireóides têm a função específica de regular o nível de cálcio no corpo. Se você ingere cálcio suficiente, as glândulas paratireóides instruem seus ossos para que armazenem o excesso e o utilizem para renovar os ossos; se você ingere pouco cálcio, as glândulas paratireóides instruem seus rins para segurarem as reservas; elas também dão sinal aos osteoclastos para destruírem mais massa óssea e liberarem o cálcio necessário na corrente sangüínea. Se, ao longo do tempo, você não ingerir cálcio em quantidade suficiente, seus ossos vão entrar em déficit e, com isso, se tornarão mais moles e porosos. As glândulas supra-renais produzem os hormônios esteróides (que respondem ao stress físico) que ajudam seus ossos a liberarem cálcio numa situação de emergência (reabsorção óssea). A testosterona e outros andrógenos (que as glândulas supra-renais produzem depois da menopausa) promovem o crescimento ósseo para equilibrar a ação de reabsorção óssea dos hormônios esteróides.

Da infância até a puberdade, seu corpo produz mais massa óssea do que gasta. Aos vinte anos, o equilíbrio entre a ação dos osteoclastos e dos osteoblastos se nivela e você alcança o seu nível máximo de massa óssea. Depois dos trinta anos, a ação destruidora dos osteoclastos é muito mais rápida do que a capacidade de produção dos osteoblastos e, com isso, tem início o processo de perda de massa óssea. Se você teve uma boa alimentação, praticou exercícios e cultivou hábitos saudáveis, você terá uma reserva de ossos fortes e saudáveis (o seu nível máximo de massa óssea terá sido alto) e poderá dar-se ao luxo de fazer as retiradas de cálcio que seu organismo necessitar, desde que elas sejam moderadas e pouco freqüentes. Entretanto, se você chegar aos trinta anos com baixo nível máximo de densidade óssea, ou se seu estilo de vida determinar que seus ossos têm de suprir quantidades excessivas de cálcio e de outros minerais, seus ossos vão ficar quebradiços e o risco de desenvolver a osteoporose pode disparar para as alturas. Quer dizer que o seu destino está decidido se você tem mais de trinta anos? Não necessariamente. Mesmo que até agora você não tenha dado muita atenção a seus ossos, não se desespere. Nunca é tarde demais para começar.

A ALIMENTAÇÃO E O ENIGMA DO CÁLCIO

Se tudo de que necessitássemos para prevenir a osteoporose fosse uma grande quantidade de cálcio e de mais estrogênio, as mulheres norte-americanas — que tomam mais leite e mais suplementos hormonais do que as mulheres de qualquer outra parte do mundo — estariam entre as de menor incidência de osteoporose. Mas não é o que acontece; elas estão entre as de índices mais altos. E, contrariamente, as mulheres dos países que têm a menor incidência de osteoporose consomem a menor quantidade de cálcio. Algumas pesquisas chegam a sugerir que tomar cálcio demais é tão prejudicial à saúde dos ossos e do coração quanto tomá-lo de menos. Isso não parece possível até você entender que seu organismo tem de ser capaz de usar o cálcio que você ingere por meio dos alimentos e dos suplementos de vitaminas. Se a sua alimentação não contém doses suficientes de vitamina D, magnésio, ferro e de outros minerais, todos elementos cruciais para que o cálcio passe para os ossos, seu organismo não vai conseguir absorver o cálcio de modo eficiente. E não há como usar o que não foi absorvido. Mas, lamentavelmente, isso não é tudo. O cálcio que não foi absorvido simplesmente não percorre de modo inofensivo o corpo e é excretado junto com a urina. Parte dele permanece no corpo e pode se manifestar nas articulações (artrite e fibromialgia), nas artérias (doenças cardíacas) e nos rins (cálculos renais).

Outra teoria interessante diz que as mulheres norte-americanas precisam tomar mais cálcio e minerais associados a ele em função de suas escolhas alimentares e de estilo de vida. A doutora em filosofia Susan E. Brown diz que precisamos de mais cálcio porque "temos em nossas dietas uma grande quantidade de substâncias que desperdiçam o cálcio, como os altos níveis de proteína e ácido fosfórico, por exemplo". Eis aqui algumas sugestões que vão ajudá-la a obter o máximo de sua alimentação:

Comer menos proteína de origem animal

Estudos demonstram que as mulheres vegetarianas perdem menos massa óssea do que as que comem carne. Na verdade, um estudo realizado no sudoeste de Michigan demonstrou que as mulheres que haviam mantido uma dieta vegetariana por vinte anos perderam apenas 18% do seu nível máximo de massa óssea durante o desenrolar do estudo, enquanto as carnívoras sofreram uma perda de 35%. Um motivo para isso, segundo o dr. Dean Ornish, diretor do Preventive Medicine Research Institute de Sausalito, Califórnia, é que a alimentação rica em proteínas animais pode fazer com que o corpo excrete cálcio demais através da urina. Isso significa que o organismo se livra de fato do cálcio antes que você possa tirar proveito dele. As vegetarianas, por outro lado, excretam muito menos cálcio e, portanto, tiram proveito de suas propriedades benéficas aos ossos.

Comer uma alimentação alcalina

O excesso de proteína animal também produz um excesso de fósforo, que o organismo converte em ácido fosfórico. Segundo a dra. Susan Brown, o organismo consegue absorver cerca de cinqüenta a sessenta gramas de proteína por dia; se você ingerir mais do que essa quantidade (e a maioria dos ocidentais chega a comer cem gramas), o excesso de aminoácido (derivados de proteína) permanece na corrente sangüínea, deixando o sangue excessivamente acidífero. Se você come grandes quantidades de frutas e verduras ricas em alcalóides (ou seja, repletas de cálcio, magnésio, ferro e potássio), seu corpo consegue neutralizar o excesso de ácidos e voltar ao estado levemente alcalino que é crucial para a boa saúde. Por outro lado, se você bebe grande quantidade de refrigerantes, que contêm altos níveis de ácido fosfórico, e come queijo industrializado, frituras e petiscos saturados de aspartame (adoçante artificial derivado do ácido aspártico), seu corpo terá de encontrar outros meios de neutralizar o ácido. Então, em primeiro lugar ele sai em busca das reservas de sódio e potássio. Uma vez esgotadas essas reservas, segundo a dra. Brown, o organismo extrai cálcio, magnésio e outros minerais dos ossos, deixando-os enfraquecidos.

Você precisa de certas quantidades de proteína para manter os ossos saudáveis, uma vez que a matriz da trabécula que contém os minerais vem das proteínas. Mas se você come proteína animal, a dra. Brown recomenda que ela seja balanceada com uma maior quantidade de potássio, que é encontrado na banana, no cantalupo (espécie de melão), no suco natural de laranja, na amêndoa, na acelga e na alcachofra.

Se você mantém uma dieta mais alcalina e saudável, seu organismo não vai precisar buscar nos ossos minerais para neutralizar o ácido com a mesma freqüência. Entre os alimentos mais alcalinos, segundo a dra. Brown, estão as sementes de abóbora, a lentilha, o inhame, o limão-galego, a nectarina, o caqui, a amora, a tangerina, o abacaxi, os vegetais de folha escura e condimentos como a canela.

Consumir cálcio de modo sensato

As quantidades adequadas de cálcio — a dose diária recomendada (DDR) é de 1.000 mg/dia antes e durante a menopausa, e 1.500 mg/dia depois da menopausa — são cruciais para a saúde dos ossos e do coração. Para evitar possíveis problemas resultantes do excesso de cálcio, lembre-se que a DDR equivale à quantidade total que você ingere com os alimentos que come juntamente com os suplementos, e não apenas a dos suplementos.

Mesmo com a DDR, ainda não se sabe que quantidade de cálcio é suficiente. Um estudo, divulgado em 1998 num artigo no *Internal Medicine News*, concluiu que tomar diariamente de 1.200 a 1.500 mg de cálcio e de 700 a 800 unidades internacionais (UI) diárias de suplementos de vitamina D reduzia em torno de 50% o número de fraturas em mulheres que já haviam passado pela menopausa. Por outro lado, a dra. Nan Kathryn Fuchs, em seu livreto extremamente útil intitulado *User's Guide to Calcium & Magnesium*, cita um estudo em particular da Clínica Mayo, o qual sugere que não faz nenhuma diferença tomar 1.400 ou apenas 500 mg diárias de cálcio. O índice de perda óssea é o mesmo.

De acordo com o dr. David Levinson, do Cornell University Medical Center, seu organismo não consegue absorver muito mais do que 500 mg de cálcio de cada vez; portanto, se você toma um suplemento de 1.000 mg, tome 500 mg pela manhã e 500 à noite.

Existem muitos alimentos ricos em cálcio além do leite. A dra. Fuchs diz que os produtos lácteos "são ricos em cálcio, mas não contêm quantidade suficiente de magnésio para ajudar a passar o cálcio para os ossos". Você pode obter a quantidade adequada de cálcio, juntamente com suas substâncias auxiliares (Vitaminas A, B$_6$, C, D e E, magnésio e outros minerais) de uma ampla variedade de outras fontes — vegetais de folha escura, cenoura, amêndoa, tofu e missô entre outros produtos de soja, além de alga marinha e salmão. Beba suco de laranja enriquecido com cálcio — um copo contém a mesma quantidade de cálcio que um copo de leite. Entre as ervas que são fontes ricas de cálcio estão a urtiga, a cavalinha, a sálvia, a borragem, as folhas de amora e a alfafa.

Se você tomar suplementos de cálcio, procure seguir as orientações da bula para obter a máxima absorção. Alguns suplementos de cálcio, como o carbonato de cálcio, são mais facilmente absorvidos com a comida; outros tipos, como o citrato de cálcio, funcionam melhor com o estômago vazio. Para poder usar o cálcio que você ingere, seu organismo precisa de quantidades adequadas de todos os outros tipos de vitaminas e minerais, além de uma quantidade suficiente de ácido clorídrico (gástrico), que normalmente falta às mulheres depois da menopausa. Se você tem esse problema, pode comprar betaína, que tem propriedades ácidas, na loja de produtos naturais mais próxima de sua casa. Ou pode achar que tomar cálcio com alimentos acidíferos ou com um copo de suco de laranja ajuda seu corpo a absorvê-lo mais rapidamente. Estudos recentes demonstram que o malato de cálcio cítrico pode ser absorvido mais facilmente. (Observação: Não tente obter sua dose de cálcio de antiácidos que contenham alumínio, pois esse faz com que o cálcio seja excretado.)

Cuidado com os ladrões de cálcio

O sal em excesso pode lavar o cálcio dos seus ossos, exatamente como faz o excesso de proteína. Preste atenção nas quantidades de sal que vêm escondidas nos alimentos industrializados e enlatados. Os fosfatos presentes nas bebidas gaseificadas também podem acabar com os suprimentos de cálcio do seu organismo, assim como a cafeína, o álcool e a nicotina. Alguns pesquisadores advertem que tomar mais de três xícaras de café cafeinado por dia pode aumentar em 80% o risco de perda de massa óssea. Fumar cigarros e consumir álcool ainda que em doses moderadas podem duplicar o risco. O consumo de açúcar também causa grandes prejuízos à saúde. O *Framingham Osteoporosis Study* de 2002 realizado pela Tufts University de Boston demonstrou que uma dieta rica em açúcar era simplesmente o prognóstico mais seguro de baixo nível de densidade mineral óssea em homens e mulheres idosos. O açúcar perturba o equilíbrio ácido-alcalino do organismo, fazendo com que o cálcio se esvaia dos ossos. Considere a possibilidade de deixar de comer açúcar!

Tomar banho de sol

Todo mundo sabe dos riscos de se expor demais ao sol. No entanto, o corpo precisa da luz solar para produzir a vitamina D. De 25 a 30 minutos quatro ou cinco vezes por semana devem lhe proporcionar a quantidade de vitamina D de que seu corpo necessita para absorver e usar efetivamente o cálcio. Se você é sensível demais à luz solar direta, em lugar de se expor a ela, adicione vitamina D a seus suplementos diários. Estudos recentes observam a importância de quantidades adequadas de vitamina D para a saúde óssea em geral e também para a saúde das glândulas reprodutivas e de todo o sistema imunológico. Certos estudos promissores sugerem que a vitamina D pode de fato reduzir em um terço o risco de fraturas (enquanto certos medicamentos, como a terapia de estrogênio e progesterona é considerada como capaz de reduzir em 50% a incidência de fraturas).

Suplementos adicionais

Além de tomar doses suficientes de cálcio, magnésio e vitamina D, aumentar a ingestão de vitamina K pode ajudar a manter os ossos fortes, segundo os pesquisadores da Tufts University. Se você não toma nenhum medicamento para afinar o sangue (como o Coumadin), pergunte a seu médico se faz sentido aumentar sua dose diária de vitamina K. É de fato mais fácil (e também preferível) obter a quantidade necessária por meio do que você come. Uma simples meia xícara de couve, por exemplo, contém mais do que 400 microgramas (mcg) de vitamina K; a mesma quantidade de espinafre contém 360 mcg; e o brócolis contém 113 mcg nessa mera meia xícara. Os ácidos graxos essenciais, as vitaminas B_6 e C e o ácido fólico também contribuem para manter a estrutura óssea forte e saudável.

O magnésio exerce um papel crucial na otimização da absorção do cálcio e na promoção da saúde dos ossos. Ele ajuda a mover o cálcio para a matriz protéica do osso e equilibra o efeito do cálcio sobre os músculos.

Enquanto o cálcio contrai o músculo, o magnésio o faz relaxar. Portanto, a dosagem equilibrada de cálcio e magnésio ajuda o coração e outros músculos, assim como o sistema digestivo, a funcionar devidamente.

As mulheres precisam de aproximadamente 2 mg de cobre, 3 mg de manganês e 12 mg de zinco por dia. Nozes, bagas, tofu e tomates contêm as doses suficientes de manganês e cobre; frutos do mar e ervilhas constituem fontes ricas de zinco. Outros vestígios minerais também intensificam a capacidade do cálcio de aumentar a densidade óssea, e o boro parece também contribuir. Embora os cientistas ainda não estejam totalmente seguros quanto a seu grau de benefício, os estudos já estão demonstrando que o boro ajuda no metabolismo do cálcio, do fósforo e da vitamina D. Como altas concentrações de cálcio e fósforo na urina indicam problemas de absorção, procure tomar pelo menos 3 mg de boro por dia.

Capítulo 3

A Relação com o Cortisol

É COMUM A GENTE CONSIDERAR O STRESS COMO UMA MERA CONSEQÜÊNCIA DO estilo acelerado da vida moderna, algo que temos de enfrentar no trabalho ou em casa quando estamos demasiadamente atarefados. Mas um número cada vez maior de estudos vem demonstrando que o stress exerce um papel negativo de importância crucial no surgimento de inúmeras doenças, inclusive a osteoporose. A culpa parece ser do cortisol, o hormônio do stress envolvido nos processos de ansiedade e depressão crônica. O próprio cortisol presta um serviço necessário ao corpo como um dos propulsores da reação de combate ou fuga — o mecanismo que o corpo usa para fugir do perigo. Os problemas começam a ocorrer quando o corpo fica viciado nessa reação.

Se alguma vez, ao colocar inadvertidamente o pé fora da guia da calçada, você escapou por um fio de ser atropelado por um carro, conhece bem essa reação. Seu nível de adrenalina dispara, a pressão arterial sobe, o coração bate desenfreado, você transpira muito, sua mente fica em extremo estado de alerta e sua respiração fica curta e rápida. Para dar a maior capacidade possível a seu sistema nervoso simpático (que controla essa reação) para que você possa reagir de maneira rápida e eficiente, seu corpo desvia energia dos sistemas digestivo, reprodutor e imunológico, reduzindo seu nível ao mínimo necessário para a sua mera manutenção. Ele faz isso ativando aquilo que é conhecido como eixo "hipotálamo-pituitário-suprarenal" (HPS), ou "circuito do stress". Eis como ele funciona: Quando você coloca o pé fora da guia e só então vê o carro vindo em alta velocidade, seu cérebro envia imediatamente sinal ao circuito HPS para que libere os hormônios do stress na sua corrente sangüínea para que você consiga pular fora. O hipotálamo libera os hormônios que produzem a corticotropina que, por sua vez, faz com que a glândula pituitária libere o hormônio adrenocorticotrófico (ACTH) na corrente sangüínea. Ao fazer isso, a glândula pituitária envia um sinal de alarme às supra-renais, as quais respondem com a liberação de um exército de compostos hormonais — epinefrina (adrenalina), norepinefrina e cortisol. A epinefrina e a norepinefrina fazem a pressão sangüínea subir; a epinefrina também acelera os batimentos cardíacos, desloca sangue para os grandes grupos de músculos (dos braços e das pernas) e acelera o tempo de sua reação. O cortisol, cujo nome oficial é glicocorticóide, libera açúcar (caloria) em sua corrente sangüínea para que você possa pensar e agir com mais rapidez, além de suspender a produção de insulina. Com o coração, o cérebro e os grandes grupos musculares em estado de alerta máximo, o circuito HPS continua a se comunicar com o resto do corpo, instruindo os sistemas digestivo, reprodutor e imunológico para que desacelerem e esperem o perigo passar.

Depois que você perceber que está fora de perigo, o cortisol comunica ao hipotálamo que tudo está bem e o instrui para que pare de produzir o hormônio liberador da corticotropina. Você começa a se acalmar e seu sistema nervoso volta ao normal. Em outras palavras, o circuito do stress se fecha. Mas o que acontece se você não se acalma, se continua vivendo com esse alto nível de stress? O circuito HPS continua no modo de combate ou fuga, jamais dando ao sistema nervoso a chance de retornar a um estado de equilíbrio. Em conseqüência disso, suas glândulas supra-renais exaurem-se de tanto ficarem bombeando os hormônios do stress para seu organismo; seus sistemas digestivo e imunológico permanecem preguiçosos; e os neurotransmissores que indicam a sensação de bem-estar ficaram seriamente abalados. E, finalmente, a vigilância imunológica pode ser suspensa, criando com isso a possibilidade de vírus e bactérias oportunistas penetrarem no seu corpo e causarem sérios prejuízos.

Segundo o dr. George Chrousos, chefe do departamento de endocrinologia pediátrica e reprodutiva do National Institute of Child Health and Human Development, a reação do stress funciona de modo diferente em cada pessoa. Algumas pessoas disparam o mecanismo de combate ou fuga diante de qualquer provocação; outras podem não reagir com a rapidez ou urgência necessária. As toxinas ambientais podem inibir a reação do circuito HPS; contrariamente, segundo o dr. Chrousos, o excesso de stress na infância pode de fato criar uma reação mais intensa do circuito HPS e, assim, com o passar do tempo, a pessoa pode perceber que exagera a reação diante de qualquer ninharia. Certas pesquisas chegam a sugerir que o stress contínuo pode prejudicar a capacidade do corpo para desligar o seu mecanismo em períodos de relativa calma.

Como mulher, você pode ser mais suscetível ao stress e ter níveis mais elevados de cortisol na corrente sangüínea do que os homens. Se os níveis de cortisol e de outros hormônios corticosteróides permanecerem elevados por um tempo demasiadamente longo, eles poderão inibir a produção de estrogênio e progesterona, hormônios que são essenciais não só para a reprodução, mas também para a saúde dos ossos.

COMO O YOGA PODE AJUDAR

O yoga pode mitigar o stress e combater os efeitos dos hormônios do stress sobre o sistema nervoso central por meio de uma combinação ativa de asanas (posturas), pranayama (respiração consciente) e relaxamento profundo. Alguns estudos de pequena escala confirmam o que a maioria dos praticantes de yoga já sabe: o yoga funciona. O doutor em filosofia Eric Hoffman, conduziu um estudo escandinavo no qual demonstrou que as ondas alfa (que medem o nível de relaxamento) e as ondas teta (que medem os sonhos, a memória inconsciente, as emoções e os estados profundos de relaxamento) aumentavam em cerca de 40% depois de uma aula de duas horas de yoga. O National Institute of Mental Health and Neurosciences da Índia realizou seis estudos sobre os benefícios do Kriya-yoga Sudarsham, uma seqüência de técnicas de relaxamento profundo, e concluiu que ele é, no mínimo, tão eficaz quanto as abordagens convencionais no tratamento de doenças relacionadas com o stress. O estudo também observou uma redução positiva nos níveis do hormônio do stress. Os participantes de uma pesquisa realizada na Filadélfia tiveram uma significativa queda nos níveis de cortisol depois de uma única aula de yoga.

Nenhum resultado desses estudos chega a surpreender qualquer praticante experiente de yoga. B. K. S. Iyengar, mestre em aplicar o yoga para finalidades terapêuticas, acredita que certas posturas do yoga acalmam o sistema nervoso simpático (o instigador do mecanismo de combate ou fuga), revitalizam as glândulas supra-renais quando elas tiveram de fazer horas extras e proporcionam uma sensação de bem-estar geral. Patricia observa que as flexões para a frente usando uma almofada ou cadeira (para que os músculos das costas tenham de fazer menos esforço) causam uma sensação de se estar sendo literalmente apoiado, de se estar protegido dos fatores externos do stress.

Faça a prática seguinte com tanta freqüência quanto sua agenda permitir. Mas tente fazer pelo menos um pouco diariamente — dez minutos na Postura do Cadáver (Savasana), por exemplo — para curar seu espírito e neutralizar os efeitos do cortisol sobre seu corpo.

UMA SEQÜÊNCIA PARA MITIGAR O STRESS E ALIVIAR A DEPRESSÃO

1. Postura com Almofadas Cruzadas ou Postura Sentada com Reclinação Fácil (Supta Sukhasana)
2. Postura do Cachorro Olhando para Baixo (Adho Mukha Svanasana)
3. Postura da Meia-Lua (Ardha Chandrasana)
4. Parada de Cabeça (Sirsasana) † ou Postura em Pé com Flexão para a Frente em Ângulo Aberto (Prasarita Padottanasana)
5. Postura do Camelo (Ustrasana)
6. Postura do Cachorro Olhando para Baixo (Adho Mukha Svanasana) ou Postura da Criança (Adho Mukha Virasana)
7. Parada de Ombros (Sarvangasana) † ou Postura da Ponte (Setu Bandha Sarvangasana)
8. Postura do Meio Arado (Ardha Halasana) †
9. Postura da Ponte (Setu Bandha Sarvangasana)
10. Postura do Cadáver (Savasana)

†CUIDADO Talvez você prefira não fazer ou fazer essas posturas modificadas devido a dificuldades ou limitações de saúde. Por favor, leia a nota explicativa abaixo das descrições antes de tentar.

1. POSTURA COM ALMOFADAS CRUZADAS Coloque uma almofada sobre sua esteira e mais outra atravessada sobre seu centro, formando uma cruz. Sente-se no meio da almofada de cima. Usando as mãos no chão para firmar-se, deite-se com cuidado para que sua coluna fique apoiada sobre a almofada e a parte de trás da cabeça toque o chão. (Se isso alongar demais ou forçar demais a nuca, coloque um cobertor dobrado embaixo da cabeça.) Coloque os braços dos lados da cabeça, com as palmas das mãos voltadas para cima e os cotovelos dobrados e relaxe completamente. (Se você sentir algum esforço ou tensão na base da coluna, coloque os pés sobre um bloco.) Fique nessa postura por vários minutos, relaxando os órgãos abdominais e respirando profundamente. Para sair dessa postura, dobre os joelhos e role para um lado. Use as mãos para colocar-se na posição sentada. Se essa postura for uma flexão para trás excessiva para você e causar algum incômodo, pratique em seu lugar a Postura Sentada com Reclinação Fácil (Supta Sukhasana).

ALTERNATIVA: POSTURA SENTADA COM RECLINAÇÃO FÁCIL (Supta Sukhasana) Coloque uma almofada verticalmente no chão atrás de você e sente-se bem na frente dela com os joelhos dobrados e o sacro tocando a beira da almofada. Você pode colocar um cobertor dobrado sobre a almofada para apoiar a cabeça. Cruze as pernas confortavelmente na altura das canelas e alongue toda a coluna. Usando as mãos como apoio, deite-se sobre a almofada. Descanse os braços dos lados, leve as escápulas até as costelas e erga o peito. Essa deve ser uma postura repousante e não deve causar nenhum desconforto. (Se você sentir alguma tensão nas costas, aumente a altura do apoio.) Para sair dessa postura, descruze as pernas, coloque os pés firmes no chão e role lentamente para um lado. Use as mãos para erguer o corpo e passar para a postura sentada.

EFEITOS Ambas essas flexões para trás com apoio abrem o peito, melhoram a respiração e a circulação, ajudam a equilibrar o funcionamento das glândulas supra-renais e tireóide, além de aliviarem a depressão e a fadiga.

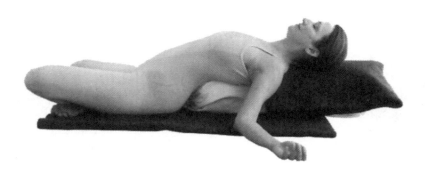

2. POSTURA DO CACHORRO OLHANDO PARA BAIXO (**Adho Mukha Svanasana**) Deite-se com a face voltada para baixo sobre sua esteira antiderrapante. Coloque as palmas das mãos no chão, uma de cada lado do tórax com os dedos bem abertos e apontados para a frente. Firme-se sobre as mãos e os joelhos. Essa é a sua posição. Coloque agora uma almofada ou um ou dois cobertores dobrados verticalmente para que seu suporte fique alinhado com seu esterno. Seu suporte deve ser alto o bastante para pode apoiar sua cabeça, mas também suficientemente baixo para alongar o pescoço. Retorne a sua postura sobre as mãos e os joelhos e vire as pontas dos pés para baixo.

Expire, pressione as mãos firmemente sobre a esteira e alongue-se sobre a parte interna dos braços. Ao expirar, erga as nádegas para o alto e leve as coxas para cima e para trás. Continue alongando as pernas e leve os calcanhares para o chão. Mantenha as pernas firmes e os cotovelos estirados ao erguer as nádegas e descansar a cabeça sobre o suporte. A ação dos braços e das pernas serve para alongar a coluna e soltar a cabeça. Mantenha-se nessa postura de 30 segundos a um minuto, respirando profundamente. Deixe a cabeça descansar totalmente e solte a base do pescoço. Para sair dessa postura, volte a ficar sobre as mãos e os joelhos e sente-se sobre os calcanhares.

EFEITOS Esta é uma postura excelente para combater a depressão, uma vez que ela ajuda a aumentar a circulação no peito, a melhorar a respiração e acalmar o cérebro.

3. POSTURA DA MEIA-LUA (Ardha Chandrasana) Com as costas contra a parede, afaste os pés a uma distância de um metro mais ou menos. Gire o pé esquerdo 90 graus para fora e o direito um pouco para dentro. Alinhe o calcanhar do pé esquerdo com o arco do pé direito. Coloque um bloco do lado externo do pé esquerdo. Estenda os braços e erga o abdômen e o peito. Expire, estenda o tronco para a esquerda e coloque a mão esquerda sobre o bloco. Flexione o joelho esquerdo e leve o bloco até a distância aproximada de 30 centímetros diante de sua perna esquerda. Tire o pé direito do chão e coloque-se sobre as pontas dos pés. Expire, estique a perna esquerda, eleve a perna direita paralelamente ao chão e pressione o calcanhar esquerdo para baixo. A perna direita, os quadris, ombros e cabeça estão todos descansando contra a parede. Estenda o braço direito para cima na linha dos ombros e abra o peito e a pélvis. Contraia as escápulas e olhe para cima ou diretamente para o alto. Mantenha-se nessa postura por 15 segundos. Para sair dela, flexione a perna esquerda, mova a perna direita para trás e coloque o pé no chão movendo o bloco. Inspire, fique de pé e repita a postura pelo outro lado.

EFEITOS Esta postura ajuda você a abrir o peito e energizar o corpo todo, sem se preocupar com o equilíbrio.

4. PARADA DE CABEÇA † (Sirsasana) Coloque um cobertor dobrado contra a parede. Coloque-se de joelhos diante dela com os pés e os joelhos unidos. Entrelace firmemente os dedos das mãos, com os polegares se tocando e as mãos em concha. Coloque as mãos a uma distância de não mais do que oito centímetros da parede, com os cotovelos afastados dos ombros. Os pulsos, antebraços e cotovelos formam a base dessa postura.

Estire o pescoço e coloque o topo da cabeça sobre o cobertor. O dorso da cabeça deve ficar em contato com as mãos. Pressione os antebraços contra o chão e erga os ombros do chão. Mantenha-se assim por todo o tempo da postura. Estenda as pernas, erga os quadris para o teto e, com a ajuda dos pés, ajeite a coluna até ela ficar quase perpendicular ao chão. Ao expirar, erga as pernas, mantendo os joelhos dobrados. Erga lentamente os joelhos na direção do teto ao levar os pés para a parede. Estenda as pernas e descanse os calcanhares e as nádegas contra a parede.

Role as coxas para dentro, erga o cóccix, estique as pernas para cima, mantendo os pés juntos. Equilibre-se sobre o topo da cabeça, pressione os antebraços contra o chão e continue a erguer os ombros mantendo-os afastados das orelhas. Respire regularmente, acalmando os olhos e a garganta e relaxando o abdômen. Com a prática regular, você vai aprender a manter as nádegas e os calcanhares afastados da parede. Mantenha-se nessa postura pelo tempo que conseguir, até 5 minutos.

Para sair dela, expire enquanto leva as pernas para o chão, uma de cada vez. Dobre os joelhos, sente-se sobre os calcanhares e, com a cabeça para baixo, descanse enquanto faz algumas respirações, antes de erguê-la.

EFEITOS Como todas as posturas invertidas, esta equilibra o sistema neuroendócrino. Em particular, ela estimula o fluxo de sangue para o cérebro, ativa as glândulas pituitária e pineal e energiza o corpo todo. Muitas mulheres acham a Parada de Cabeça (Sirsasana) benéfica quando a depressão faz parte dos sintomas pré-menstruais ou da menopausa.

†CUIDADO Só faça esta postura se ela já fizer parte da sua prática de yoga. Evite-a se tiver pressão alta, estiver menstruada, sofrer de enxaqueca ou de problemas no pescoço e nas costas. Em seu lugar, passe para a Postura em Pé com Flexão para a Frente em Ângulo Aberto (Prasarita Padottanasana), descrita na p. 57.

ALTERNATIVA: POSTURA EM PÉ COM FLEXÃO PARA A FRENTE EM ÂNGULO ABERTO (Prasarita Padottanasana) Se você não pratica a Parada de Cabeça (Sirsasana), faça esta postura no seu lugar. Coloque dois cobertores dobrados ou uma almofada na posição vertical à sua frente. Separe bem os pés (cerca de um metro), mantendo as laterais externas paralelas. Contraia o quadríceps para erguer as rótulas dos joelhos e manter as coxas bem erguidas. Numa expiração, incline-se para a frente a partir dos quadris e coloque as mãos no chão entre os pés. Erga os quadris na direção do teto; puxe as escápulas para as costas. Olhe para cima, estendendo o tronco para a frente, arqueando um pouco a coluna. Permaneça nesta postura de 5 a 10 segundos.

Mantendo o tronco estendido, expire, dobre os cotovelos e solte o topo da cabeça sobre o apoio. Mantenha as pernas firmes, mas relaxe os ombros e o pescoço. Respire profundamente, deixando o tronco pender para baixo. Permaneça nesta postura por 1 minuto.

Para sair dela, volte à posição das costas côncavas, leve as mãos aos quadris e erga o tronco. Junte os pés.

EFEITOS Esta postura é excelente para acalmar a ansiedade, a tensão nervosa, assim como a tensão mental e física e combater a fadiga.

5. POSTURA DO CAMELO † (**Ustrasana**) Coloque-se de joelhos no chão, mantendo os pés e os quadris afastados dos joelhos. Coloque as palmas das mãos sobre as nádegas e, expirando, mova as coxas um pouco para a frente e eleve as costelas. Vá se inclinando lentamente para trás até onde for possível, erga o tórax e abra os ombros. Leve as mãos das nádegas para os pés e apóie-as sobre os calcanhares. (Se você não conseguir alcançar os calcanhares, coloque as mãos sobre uma cadeira colocada atrás de você, com os dedos afastados o máximo possível do seu corpo.) Suas coxas devem ficar perpendiculares ao chão. Leve a cabeça para trás, se isso lhe for cômodo, e continue respirando por 10 a 15 segundos. Se isso for difícil demais no início, entre e saia dessa postura várias vezes.

Para sair dela, solte as mãos, uma de cada vez. Expirando, erga-se lentamente a partir do esterno, usando os músculos das coxas. A cabeça deve ser a última a voltar.

EFEITOS Esta postura é ótima para aumentar a capacidade pulmonar, estimular a circulação no corpo inteiro e fortalecer os músculos das costas. Ela ajuda a melhorar a postura, tirando a pressão da coluna e a rigidez dos ombros, joelhos e tornozelos.

†CUIDADO Não faça esta postura se estiver com enxaqueca ou dor de cabeça por tensão, ou se sofrer de hipertensão.

MODIFICAÇÃO Posicione uma cadeira de modo que seu assento fique mais próximo de você. Ajoelhe-se diante dela e descanse as palmas das mãos sobre seu assento. Vá reclinando aos poucos as costas e abrindo o peito enquanto vai fazendo as mãos deslizarem para o fundo do assento da cadeira. Estire a cabeça para trás até onde for possível sem sentir nenhuma tensão no pescoço ou garganta. Pressione as canelas e o dorso dos pés contra o chão e empurre os ossos das coxas para a frente, afastando-os da cadeira. Contraia as escápulas para dentro das costelas dorsais e gire os ombros para trás. Permaneça nesta postura, respirando uniformemente por 20 a 30 segundos (ou, no máximo de 1 a 2 minutos). Para sair desta postura, faça as mãos andarem para a frente da cadeira enquanto você vai se erguendo. Use os músculos das coxas e do peito para ajudar-se a sair da flexão para trás.

EFEITOS Esta postura é ótima para aumentar a capacidade pulmonar, a circulação pelo corpo inteiro, além de fortalecer os músculos das costas. Ela ajuda a melhorar a postura, tirando a pressão da coluna e a rigidez dos ombros, joelhos e tornozelos.

†CUIDADO Não faça esta postura se você estiver com enxaqueca ou dor de cabeça por tensão, sofrer de artrite nos joelhos ou de hipertensão.

Modificação

6. POSTURA DO CACHORRO OLHANDO PARA BAIXO (Adho Mukha Svanasana) Deite-se com a face contra sua esteira antiderrapante. Coloque as palmas das mãos no chão, uma de cada lado do tórax, com os dedos bem abertos e apontados para a frente. Erga o corpo apoiando-se nas mãos e nos joelhos. Esta é sua postura. Retorne à postura sobre as mãos e os joelhos e vire os dedos dos pés para baixo.

Expire, pressione as mãos na esteira e alongue-se para cima usando a parte interna dos braços. Expire novamente e erga as nádegas bem alto e leve as coxas para cima e para trás. Continue alongando-se usando as pernas e leve os calcanhares em direção ao chão. Mantenha as pernas firmes e os cotovelos estirados ao erguer as nádegas para o alto e soltar a cabeça no seu apoio. A ação dos braços e das pernas serve para alongar a coluna e soltar a cabeça. Fique nesta postura de 30 segundos a 1 minuto, respirando profundamente. Deixe a cabeça relaxar completamente e solte a base do pescoço. Para sair, volte a se apoiar nas mãos e nos joelhos e sente-se sobre os calcanhares.

EFEITOS Esta é uma ótima postura para combater a depressão, uma vez que ela ajuda a aumentar a circulação para o tórax, melhora a respiração e acalma o cérebro. É uma boa maneira de contrabalançar as flexões para trás. Ela alonga e tonifica a coluna e solta a tensão das costas, do pescoço e dos ombros.

ALTERNATIVA: POSTURA DA CRIANÇA (Adho Mukha Virasana) Se a Postura do Cachorro Olhando para Baixo (Adho Mukha Svanasana) causar tensão ou incômodo na região do pescoço ou dos ombros (ou ainda na base da coluna), pratique no seu lugar a Postura da Criança. Ajoelhe-se no chão com os joelhos um pouco mais para fora do que os quadris e os dedões dos pés unidos. Incline-se para a frente, estirando os braços e o tronco. Descanse a cabeça no chão ou sobre um cobertor dobrado. Permaneça nesta postura de 20 a 30 segundos, empurrando as escápulas em direção às costelas e alongando a nuca. Para levantar-se, pressione as mãos no chão e vá se sentando lentamente; a cabeça deve ser a última a ser levantada.

EFEITOS Esta postura alonga a coluna depois das flexões para trás e ajuda a acalmar os nervos.

7. **PARADA DE OMBROS** † (**Sarvangasana**) Coloque uma cadeira com as costas a 20 ou 25 centímetros da parede. Coloque uma esteira antiderrapante ou um cobertor dobrado sobre o assento da cadeira e mais dois ou três cobertores dobrados na frente da cadeira. Sente-se de frente para as costas da cadeira com as pernas dobradas por cima do encosto; empurre as nádegas para o meio do assento da cadeira (A).

Segurando, primeiro os lados e depois as pernas dianteiras da cadeira, vá baixando lentamente o torso até os ombros ficarem sobre os cobertores e a cabeça no chão (B). Para chegar a essa posição, você terá de alongar a coluna e abrir o peito. Leve uma mão de cada vez para firmar-se na devida perna traseira da cadeira; os braços devem ficar entre as pernas dianteiras da cadeira. Estenda as pernas e gire as coxas para dentro (C).

†CUIDADO Não faça esta postura se tiver problemas no pescoço ou nos ombros, se tiver pressão alta, se estiver menstruada, com enxaqueca ou com dor de cabeça por tensão.

A

B

C

Erga as pernas para o alto (D) ou descanse os calcanhares contra a parede. Mantenha as pernas unidas e esticadas das virilhas aos calcanhares. Feche os olhos, erga o peito na direção do queixo, respire normalmente e mantenha-se nesta postura de 3 a 5 minutos, ou pelo tempo que se sentir bem.

D

Para sair desta postura, dobre os joelhos, coloque os pés sobre o assento da cadeira (E), solte as mãos e deixe-se escorregar até o sacro ficar sobre os cobertores e as panturrilhas sobre o assento da cadeira. Descanse no chão por um instante e, em seguida, role para o lado e sente-se devagar.

EFEITOS   Por vezes chamada de a "rainha das posturas", a Parada de Ombros leva sangue oxigenado para as glândulas tireóide e paratireóides, além de estimular os rins e as supra-renais e acalmar os nervos. Além disso, traz paz, força e uma nova disposição quando você está cansada, instável e nervosa.

POSTURA ALTERNATIVA: Ver **POSTURA DA PONTE (Setu Bandha Sarvangasana) na p. 68.**

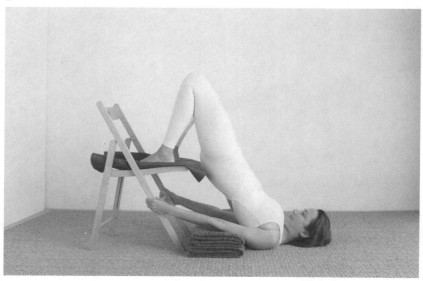

8. POSTURA DO MEIO ARADO † (**Ardha Halasana**) Coloque um cobertor dobrado em cima da esteira, com as bordas arredondadas junto às pernas de uma cadeira. Deite-se de costas com as pernas estendidas, os ombros nos cobertores e a cabeça sob o assento da cadeira. Ao expirar, flexione os joelhos e impulsione ou erga as nádegas e as pernas, apoiando as coxas sobre o assento da cadeira. (Forre o assento com cobertores dobrados se precisar de mais altura para que as pernas fiquem paralelas ao chão.) Leve o peito em direção ao queixo (não o queixo em direção ao peito). Relaxe com as palmas das mãos voltadas para cima e os olhos fechados. Permaneça nesta posição por no mínimo 5 minutos.

Para sair, ponha as mãos nas costas e role lentamente para baixo, uma vértebra de cada vez. Role para um dos lados e sente-se.

EFEITOS   Descansar nesta postura ajuda a levantar o ânimo e acalmar a irritação e a ansiedade.

†CUIDADO   Evite esta postura se tiver problemas no pescoço ou nos ombros ou ainda se estiver menstruada.

9. POSTURA DA PONTE (Setu Bandha Sarvangasana) Coloque uma almofada horizontalmente e outra verticalmente contra a parede, de modo a formarem um T. Coloque um cobertor dobrado no chão, junto à ponta da almofada vertical (para apoiar a cabeça). Sente-se na ponta da almofada vertical que estiver mais próxima da parede. Com os joelhos flexionados, deite-se de costas sobre a almofada. Deslize para trás até ficar com o meio das costas na ponta da almofada e os ombros tocarem o chão. Apóie os ombros e a cabeça no cobertor. Estenda as pernas em direção à parede e coloque os calcanhares na almofada horizontal, com os pés tocando a parede. As pernas devem ficar retas e estendidas à sua frente, separadas na linha dos quadris. Descanse os braços em qualquer posição que lhe seja confortável. Feche os olhos e relaxe completamente, soltando o abdômen e respirando profundamente. Permaneça nesta postura de 5 a 10 minutos.

Para sair, flexione os joelhos e role lentamente para um lado. Erga-se e coloque-se na posição sentada.

EFEITOS Esta postura abre o peito e traz uma sensação de calma ao seu corpo e à sua mente.

10. POSTURA DO CADÁVER (Savasana) Deite-se de costas com as pernas estendidas à sua frente. Coloque um cobertor sob a cabeça se houver rigidez no pescoço. Ponha os braços confortavelmente dos lados do corpo, um pouco afastados do torso, com as palmas das mãos voltadas para cima. Alongue ativamente os braços e as pernas e depois deixe que relaxem. Feche os olhos e relaxe o corpo inteiro. Respire algumas vezes, inspirando o ar para o peito sem tensionar a garganta, o pescoço e o diafragma. Expire soltando o corpo no chão, principalmente os ombros, o pescoço e os músculos da face. Relaxe os músculos da pélvis (aqueles que você usa para parar de urinar) e os músculos das nádegas e do abdômen; solte a base da coluna. Ao relaxar, respire normalmente pelo tempo mínimo de 10 minutos.

Para sair da postura, flexione os joelhos, role lentamente para um lado e, depois de respirar algumas vezes, coloque-se lentamente na posição sentada.

EFEITOS Esta é uma postura extremamente repousante que pode ajudar a aumentar a autoconfiança, a aliviar o cansaço e a depressão e a regenerar o corpo todo. Por ajudar a equilibrar o sistema nervoso simpático, ela alivia os efeitos do stress tanto sobre seu corpo quanto sobre suas emoções.

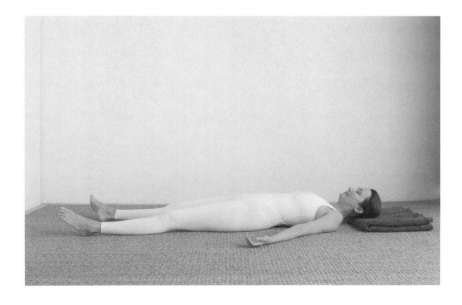

Capítulo 4

A Verdade Sobre a Baixa Densidade Óssea

AO CONTABILIZAR SEUS FATORES DE RISCO, SEJAM ELES GENÉTICOS OU OUTROS, talvez você se surpreenda com a descoberta de que pertence à categoria de alto risco e que é forte candidata a ter fraturas ósseas. Convencida de que já tem osteoporose (qualquer que seja a sua idade), de repente você começa a sentir dores nos ossos e, também, que a parte superior da coluna está se curvando. É realmente motivo para entrar em pânico? É claro que não. Mas hoje é um dia tão bom quanto qualquer outro para você deixar de fumar, de tomar café e refrigerante, para moderar o consumo de bebidas alcoólicas, administrar o stress, além de assumir o compromisso de parar de consumir açúcar em excesso e de comer carne a cada refeição. E começar ou retornar à prática de yoga.

Diagnosticar a saúde de seus ossos (e determinar se você já tem osteoporose) é difícil. A osteoporose é conhecida como uma doença "silenciosa", porque a maioria das mulheres não sabe que a tem antes de quebrar um osso. E a baixa densidade óssea por si só não quer dizer que você tenha ossos quebradiços ou uma fratura de quadril à sua espera. Só a metade das mulheres com baixa densidade de massa óssea tem fraturas; e outras com um nível de densidade acima do normal inexplicavelmente sofrem de fraturas ósseas. Repetimos, depende de você procurar fazer com que os ossos que tem continuem não apenas fortes, mas também saudáveis e capazes de se auto-regenerarem.

Se você pertence ao grupo de alto risco de osteoporose e nunca fez um exame para medir a densidade mineral óssea (BMD), ou densitometria óssea, talvez queira fazê-lo agora, qualquer que seja a sua idade, para ter uma base de referência. O diagnóstico mais exato até hoje é feito pelo exame que é conhecido como Densitometria Duoenergética (*dual energy X-ray absorptometry* ou DEXA) e é o preferido pelos médicos. Ele mede a densidade óssea e a compara com a densidade óssea que se espera de uma pessoa de sua idade. E também compara com a densidade mineral óssea de uma "pessoa jovem normal", o que significa comparar seu nível de massa óssea com o de alguém que se encontra no seu nível máximo de massa óssea (uma mulher de trinta anos). Alguns médicos sugerem que você faça vários testes dentro de um período de dois anos para poder verificar a velocidade com que você está perdendo massa óssea. Mas a prudência que prevalece no momento diz que esses testes sozinhos não são diagnósticos seguros de osteoporose. Alguns médicos recomendam hoje que você adie a realização da densitometria óssea até ter pelo menos 65 anos, a não ser que faça parte da categoria de alto risco (ver a lista dos fatores de risco na p. 22). Outro método possível de medir a perda de massa óssea é através de um simples exame de urina próprio para medir a quantidade de cálcio que está sendo excretada pela urina. Uma quantidade acima da considerada normal pode ser um indício de que seus ossos estão perdendo cálcio em excesso.

REVERSÃO DA PERDA DE MASSA ÓSSEA

Nunca é tarde demais para começar a cuidar dos próprios ossos. Os estudos confirmam que as mulheres que aumentam o consumo de minerais, como cálcio, magnésio, zinco e potássio, aumentam a densidade óssea. Um desses estudos, publicado por M. Chapuy, indicou que mulheres de 84 anos de idade tiveram um aumento na densidade mineral óssea de seus quadris ao tomarem 1.200 mg/dia de fosfato tricálcico e 800 UI de vitamina D. O grupo de controle, pelo contrário, perdeu densidade óssea e teve 67% a mais de fraturas. Um estudo preliminar sugere que doses mais elevadas de vitamina D (até 3.000 UI diárias em vez das recomendadas 800 UI) podem realmente reverter o processo de perda de massa óssea, especialmente quando tomadas em combinação com cálcio e magnésio.

COMO O YOGA PODE AJUDAR

O yoga pode ajudar os ossos a ganharem saúde e densidade mineral de várias maneiras. Num artigo de 1988 publicado no *Yoga Journal*, a dra. Mary Schatz, diz que o yoga pode estimular seus ossos a reter cálcio, desde que seja dado cálcio suficiente a seu corpo. O segredo? O yoga ressalta as posturas que envolvem suportar o próprio peso (como as de equilíbrio dos braços, as posturas invertidas e as posturas em pé) que envolvem o corpo todo — coluna, braços, ombros, cotovelos, pernas, joelhos, tornozelos e pés — ao mesmo tempo em que estimulam todos os movimentos. Por meio de um estudo de pequena escala realizado no ano 2000 na California State University em Los Angeles, seus pesquisadores constataram que a prática de yoga de fato faz aumentar a densidade mineral óssea. Das dezoito mulheres participantes da pesquisa, nove praticavam yoga e nove não. Os pesquisadores submeteram as participantes a testes de densitometria óssea no início da pesquisa e, novamente, depois de seis meses. As praticantes de yoga tiveram a densidade mineral óssea das vértebras aumentada enquanto as não praticantes não apresentaram nenhuma alteração.

Patricia diz

- Para manter a mobilidade e a flexibilidade das articulações, entre e saia de uma postura várias vezes antes de permanecer nela. Não permaneça muito tempo numa postura nem trave suas articulações, mas procure fazer com que elas tenham liberdade de movimento.
- Não pratique posturas que comprimam a coluna — mantenha-a alongada.

B. K. S. Iyengar afirma que através do processo de expulsar dos vasos sangüíneos e linfáticos o sangue e os fluidos linfáticos estagnados e deteriorados, e de preencher cada área com sangue e fluidos recém-oxigenados, o yoga ajuda o corpo a aproveitar todos os nutrientes que ingere de modo que ele não precisa consumir os minerais dos ossos. As Posturas Invertidas, particularmente a Parada de Ombros (Sarvangasana) e a Postura do Arado (Halasana), são especialmente eficazes nesse sentido. Estas posturas, segundo Iyengar, regulam o funcionamento das glândulas tireóide e paratireóide (cruciais para o metabolismo) por formarem uma tranca no queixo que obstrui a entrada do sangue usado na região do pescoço. Ao sair de uma destas posturas e abrir a tranca, a região é inundada de sangue novo. Em outras palavras, as posturas invertidas estimulam a circulação nas áreas da cabeça e do pescoço e, com isso, revitalizam as glândulas. Mas como as posturas invertidas exercem muita pressão sobre o pescoço e a parte superior da coluna, as pessoas com ossos frágeis ou fraturas nas vértebras devem evitar fazê-las.

Em suas aulas, Patricia ensina as flexões para a frente para acalmar as glândulas supra-renais e, assim, mitigar os efeitos do cortisol no organismo; e as flexões para trás para energizá-las. Segundo ela, as torções também são eficazes no sentido de regularizar o funcionamento das supra-renais para que essas glândulas produzam quantidades suficientes de estrogênio e androgênio para manter os ossos saudáveis.

A prática regular de yoga pode dar autoconfiança e estabilidade para a mulher de qualquer idade, mas pode ter um impacto realmente importante nas mulheres de mais idade. Muitas pessoas idosas caem porque perdem a confiança na sua capacidade de andar com firmeza; outras sofrem de enfraquecimento muscular (muitas vezes por falta de uso), má postura ou artrite. O yoga pode ajudar a melhorar a postura e a coordenação, fortalecer os músculos, aumentar a flexibilidade e promover um melhor equilíbrio.

As posturas de yoga da seqüência seguinte são de natureza preventiva, mas também já se provaram capazes de reverter o processo de perda de massa óssea já em andamento. Você pode praticar as posturas originais ou as modificações e variações com apoio, se isso lhe parecer mais seguro — os benefícios que você vai colher são os mesmos.

UMA SEQÜÊNCIA PARA PREVENIR E REVERTER A PERDA DE MASSA ÓSSEA

CUIDADO Não pratique esta seqüência se você já tem osteoporose ou teve fraturas no passado.

1. Postura Sentada em Ângulo Aberto I (Upavistha Konasana I)
2. Postura em Ângulo Fechado (Baddha Konasana)
3. Postura Reclinada com o Dedão do Pé I (Supta Padangusthasana I) e Postura Reclinada com o Dedão do Pé II (Supta Padangusthasana II)
4. Postura da Montanha (Tadasana) com posições variadas dos braços
5. Postura em Pé com Flexão para a Frente (Uttanasana)
6. Postura do Cachorro Olhando para Baixo (Adho Mukha Svanasana)
7. Postura do Triângulo Estendido (Utthita Trikonasana)
8. Postura do Guerreiro II (Virabhadrasana II)
9. Postura Estendida em Ângulo Lateral (Utthita Parsvakonasana)
10. Postura do Guerreiro I (Virabhadrasana I)
11. Postura com Intenso Alongamento Lateral (Parsvotttanasana)
12. Postura em Giro e em Triângulo (Parivrtta Trikonasana)
13. Postura em Pé com Flexão para a Frente em Ângulo Aberto (Prasarita Padottanasana)
14. Postura do Cachorro Olhando para Baixo (Adho Mukha Svanasana)
15. Postura do Bastão Apoiada Sobre os Quatro Membros (Chaturanga Dandasana)
16. Postura do Cachorro Olhando para Cima (Urdhva Mukha Svanasana)
17. Postura do Camelo (Ustrasana) †
18. Postura do Arco Olhando para Cima (Urdhva Dhanurasana)
19. Postura da Criança (Adho Mukha Virasana)
20. Postura da Ponte (Setu Bandha Sarvangasana)
21. Postura com as Pernas Levantadas contra a Parede e Ciclo (Viparita Karani) †
22. Postura do Cadáver (Savasana)

†CUIDADO Talvez você prefira não fazer ou modificar alguma destas posturas devido a problemas de saúde ou dificuldades. Leia, por favor, a nota explicativa abaixo de cada descrição antes de tentar colocá-la em prática.

1. POSTURA SENTADA EM ÂNGULO ABERTO I (Upavistha Konasana I)

Sente-se sobre um bloco com as costas contra a parede e abra bem as pernas; alongue os tornozelos; os dedos dos pés também devem ser bem abertos e alongados. Ajuste a parte carnuda das nádegas, levando-a para trás e para os lados. Ponha as mãos no bloco atrás de você para empurrar o abdômen para cima e para dentro, abra mais o peito e empurre as escápulas em direção às costelas. Sente-se ereta, alongando das virilhas aos calcanhares e mantendo os joelhos estendidos. Mantenha-se nesta postura por 30 segundos ou mais, respirando normalmente.

EFEITOS Esta postura ajuda a aumentar a circulação na região pélvica. Ela proporciona os benefícios da sustentação do peso igualmente aos quadris, às pernas e à coluna.

2. POSTURA EM ÂNGULO FECHADO (Baddha Konasana) Sente-se sobre um bloco com as costas contra a parede e o abdômen levantado. Flexione as pernas, afaste os joelhos e junte as solas dos pés. Segure os pés e puxe os calcanhares para dentro, em direção ao períneo ou osso púbico. As laterais externas dos pés devem ficar apoiadas no chão. Ponha as mãos no bloco atrás de você. Alongue a coluna para cima, conduzindo a ação com o topo da cabeça. (Se tiver dificuldade para fazer isso, apóie as mãos numa cadeira à sua frente.) Alongando a parte interna das coxas, da virilha ao joelho, abaixe lentamente os joelhos até onde for possível. Permaneça nesta postura por 30 segundos ou mais, respirando normalmente. Para sair da postura, relaxe os braços e erga um joelho de cada vez.

EFEITOS O alongamento isométrico desta postura exerce uma pressão segura sobre os ossos dos joelhos, pés, tornozelos e quadris. Sentar-se na postura ereta proporciona os benefícios da sustentação do peso para o sacro e a coluna lombar.

Modificação

3. POSTURA RECLINADA COM O DEDÃO DO PÉ I (Supta Padangusthasana I) e **POSTURA RECLINADA COM O DEDÃO DO PÉ II** (Supta Padangusthasana II) Deite-se de costas, com as pernas estendidas e juntas. Inspirando, leve o joelho esquerdo ao peito e passe um cinto pela sola do pé. Expirando, estenda a perna em direção ao teto (A). Puxando o cinto com ambas as mãos e mantendo a perna ereta, faça-a aproximar-se da cabeça (se possível), mantendo a pélvis firmemente apoiada no chão (B). Mantenha a perna direita no chão, pressionando-a ativamente, com os dedos voltados para o teto. Para aumentar o apoio, pressione o pé contra a parede. Movimente suavemente a perna para trás e para a frente para aumentar a mobilidade e manter as articulações fluidas. Passe para a postura seguinte antes de mudar de lado.

Com a perna esquerda estendida e a direita no chão, transfira o cinto para a mão esquerda e estenda o braço direito para o lado. Ao expirar, deixe a perna esquerda cair para o lado e sobre uma almofada (C). Puxe suavemente o cinto para aumentar um pouco a resistência. Descanse confortavelmente pelo tempo que puder, de preferência de 1 a 2 minutos. Repita ambas as posturas com a perna direita.

EFEITOS Esta postura ativa faz aumentar a flexibilidade das articulações dos quadris e virilhas, reduz a rigidez na parte inferior da coluna, alonga os tendões e os músculos das panturrilhas, além de fortalecer os joelhos.

A

B

C

4. POSTURA DA MONTANHA (Tadasana) Fique em pé, ereta, as pernas juntas (com os dedões se tocando, se for confortável; se não, uma distância alinhada aos quadris é recomendável). Distribua o peso por igual entre as solas dos pés e os calcanhares. Estique os joelhos puxando os quadríceps (músculo da parte da frente das coxas) para cima. Erga o esterno (osso do peito) e abra o peito, levando os ombros para trás e as escápulas para dentro. Puxe o abdômen para dentro e para cima e contraia o cóccix, sem empurrar as coxas para a frente. Estenda os braços para baixo, com as palmas voltadas para as coxas e os dedos juntos (A). Mantenha os ombros afastados das orelhas. É normal ter alguma curvatura na área lombar (base das costas). Respire normalmente e erga suavemente os músculos da base pélvica (aqueles que você contrai para parar de urinar).

Continue empurrando as escápulas para dentro das costelas e alongando o pescoço. Permaneça nesta postura de 30 a 60 segundos.

A

B

POSTURA DA MONTANHA COM BRAÇOS ACIMA DA CABEÇA (Urdhva Hastasana) Em pé na Postura da Montanha (Tadasana), vire as palmas das mãos para fora e vá erguendo lentamente os braços para os lados e para cima da cabeça, mantendo os ombros baixos e afastados das orelhas (B). Erga o peito e leve as escápulas bem para dentro das costelas. (Se tiver problema de equilíbrio, pode afastar um pouco os pés ou praticar com as costas contra uma parede.) Fique nesta postura de 20 a 30 segundos, se possível. Se não, repita-a duas ou três vezes. Com os braços erguidos, passe para a próxima postura.

POSTURA DA MONTANHA COM BRAÇOS ACIMA DA CABEÇA E COM OS DEDOS DAS MÃOS ENTRELAÇADOS (Baddhangullyasana) Com os braços acima da cabeça, junte as mãos, entrelace os dedos e, com as palmas voltadas para o teto, alongue a parte interna dos braços. Empurre as escápulas para dentro das costelas, erga o esterno (o osso do peito) e alongue as laterais do corpo. Mantenha-se nesta postura de 10 a 20 segundos e, para sair, deixe os braços caírem lentamente para os lados.

POSTURA DA MONTANHA COM BRAÇOS EM POSIÇÃO DE PRECE

(**Namaskar**) Para abrir ainda mais a área do peito e dos ombros, continue na Postura da Montanha (Tadasana). Coloque os braços nas costas e pressione as pontas dos dedos de ambas as mãos voltadas para baixo. Gire os braços na direção do corpo de modo que as mãos fiquem voltadas para cima. Mantendo os braços nesta posição, faça as mãos subirem pelas costas até ficarem alinhadas com as escápulas. Pressionando bem as palmas das mãos uma contra a outra, mantenha os dedos estendidos. Gire os ombros para baixo e leve as escápulas a afundarem nas costelas. Os cotovelos devem ficar apontados para o chão quando as mãos sobem mais em direção à cabeça (C). (Se esse alongamento for muito forte, simplesmente cruze os braços às costas, segurando os cotovelos.) Mantenha-se em alinhamento, como se estivesse com os braços dos lados do corpo. Para sair desta postura, deixe as mãos escorregarem pelas costas e retorne à Postura da Montanha com os braços dos lados.

C   **Modificação**

POSTURA DA MONTANHA COM BRAÇOS EM CARA-DE-VACA

(**Gomukhasana**) Erga os braços acima da cabeça, dobre-os nos cotovelos e coloque a palma da mão direita, voltada para baixo, logo abaixo da nuca. Dobre o cotovelo esquerdo e suba com o antebraço esquerdo pelas costas, com a palma da mão voltada para fora, até a mão esquerda bem no meio das escápulas. Aperte as mãos nas costas ou segure um cinto se não conseguir fazer uma alcançar a outra. Mantenha o cotovelo direito apontado para o teto e a cabeça erguida. Role o ombro direito para trás e mova a axila esquerda para a frente para abrir o peito. Tome cuidado para não empurrar o diafragma e o abdômen para a frente. Respire normalmente nesta postura por 30 segundos ou mais. Para sair, solte as mãos e deixe os braços caírem. Repita invertendo a posição dos braços.

EFEITOS As diferentes posições dos braços ajudam a aliviar a rigidez nos ombros, braços e partes superior e inferior da coluna; aumenta a circulação por todo o corpo; além de corrigir problemas de postura.

5. POSTURA EM PÉ COM FLEXÃO PARA A FRENTE (Uttanasana) Distribua o peso igualmente entre os pés, alongue-se para cima usando a parte interna das coxas e gire as coxas para dentro. Prenda as mãos com os braços estendidos para trás das costas e mantenha as pernas e os joelhos bem firmes ao alongar a cintura e os lados das costelas. Ao expirar, alongue a cintura e os lados das costelas em direção ao chão, incline-se para a frente, estenda os braços, fazendo-os subir até acima da cabeça e baixando-os. Mantenha os ombros afastados do pescoço e deixe a cabeça suspensa. Fique nesta postura de 10 a 15 segundos. Para sair, solte as mãos, mantenha as pernas ativas e levante-se devagar.

EFEITOS Ao prender as mãos atrás das costas, você abre mais o peito e solta a tensão e a rigidez dos ombros, cotovelos, pulsos e dedos.

6. POSTURA DO CACHORRO OLHANDO PARA BAIXO (Adho Mukha Svanasana) Coloque dois blocos contra a parede; os ombros devem estar alinhados com os quadris. Ajoelhe-se diante da parede e ponha as palmas das mãos sobre os blocos. Vire as pontas dos pés para baixo e faça os pés andarem para trás, mantendo-os alinhados com os quadris, de modo que fiquem a uma distância aproximada de 1,20 metro das mãos e em alinhamento com elas. Com as mãos sobre os blocos, alongue a parte interna dos braços e, ao expirar, erga as nádegas bem para o alto. Firme-se sobre as solas dos pés ao levar as coxas para cima e para trás. Continue alongando-se usando as pernas e leve os calcanhares em direção ao chão. Mantenha as pernas firmes e os cotovelos retos, erguendo ainda mais as nádegas e soltando a cabeça em direção ao chão. A ação dos braços e das pernas serve para alongar a coluna e soltar a cabeça e o pescoço. Fique nesta postura de 30 segundos a 1 minuto, respirando profundamente.

Para sair, volte a se apoiar nas mãos e nos joelhos. Junte os pés, mantendo os joelhos um pouco afastados e sente-se sobre os calcanhares. Incline-se para a frente e descanse a testa na esteira. Deixe os braços descansarem dos lados, com as palmas das mãos voltadas para cima, e relaxe completamente. Continue descansando por algumas respirações completas.

EFEITOS   Esta postura pode trazer os benefícios da sustentação de peso aos cotovelos, ombros, pulsos e mãos, bem como aos pés, tornozelos, joelhos e coluna. Ela também ajuda a soltar a rigidez nas costas e tendões da perna.

7. POSTURA DO TRIÂNGULO ESTENDIDO (Utthita Trikonasana)

Fique na Postura da Montanha (Tadasana). Afaste os pés até ficarem a uma distância aproximada de 1 metro um do outro; gire o pé direito 90 graus para fora e o pé esquerdo um pouco para dentro. O calcanhar do pé direito deve ficar alinhado com o arco do pé esquerdo. Ponha um bloco junto à borda externa do pé direito. Alongue os braços para os lados, puxe o corpo para cima usando o quadríceps e erga o abdômen e o peito. Expirando e com as costas retas, estenda o tronco para a direita e desça a mão direita até o bloco. Pressionando a mão contra o bloco, alongue a coluna, abra o peito e estique o braço esquerdo em direção ao teto. Leve as escápulas para dentro, gire o peito e o abdômen em direção ao teto e olhe diretamente para a frente ou para cima, em direção à mão esquerda. Gire o abdômen

para a esquerda. Respire normalmente e fique nesta postura de 20 a 30 segundos. Para sair, pressione o corpo sobre o calcanhar esquerdo e inspire alongando-se com a ajuda do braço direito. Inspirando, levante-se e endireite o torso. Repita a postura do lado esquerdo, depois vire os dedos dos pés para a frente e volte a aproximar os pés um do outro, retornando à Postura da Montanha.

MODIFICAÇÃO Se esta postura for demasiadamente difícil ou se você se sentir instável, use um banquinho ou uma cadeira no lugar do bloco. Coloque uma mão na cadeira e outra no quadril. Mantenha as pernas e os braços firmes e ativos. Empurre as escápulas para dentro das costelas. Relaxe os olhos, o pescoço e os músculos faciais, inspirando e expirando normalmente.

EFEITOS Esta postura alonga e fortalece a coluna e abre a pélvis. Ela é excelente para aumentar a flexibilidade e a estabilidade. Como é um exercício de sustentação de peso para os braços, as pernas, a pélvis e a coluna, ela estimula os ossos de suas respectivas áreas a reterem cálcio.

Modificação

8. POSTURA DO GUERREIRO II (Virabhadrasana II) Fique na Postura da Montanha (Tadasana). Afaste os pés o máximo possível (1,20 metro mais ou menos, se puder); gire o pé esquerdo 90 graus para fora e o direito levemente para dentro. O calcanhar do pé esquerdo deve estar alinhado ao arco do pé direito. Estenda os braços para os lados, até que fiquem paralelos ao chão. Expirando, flexione o joelho esquerdo de modo que a coxa fique paralela e a canela perpendicular ao chão. (Se o joelho ultrapassar o tornozelo, é preciso afastar ainda mais os pés.) Alongue a coluna, erga e abra o peito e olhe por cima do braço esquerdo, logo além das pontas dos dedos. Estire os braços do centro do peito até as pontas dos dedos, como se eles estivessem brincando de cabo-de-guerra. Se não conseguir manter-se nesta postura por mais de 10 a 15 segundos, repita-a por duas ou três vezes. Para sair, estire a perna esquerda e, firmando-se sobre o calcanhar esquerdo e inspirando, volte para a postura em pé. Repita a postura do outro lado antes de voltar a ficar com os pés paralelos na Postura da Montanha (Tadasana).

MODIFICAÇÃO Se você precisar de apoio, pratique com um pé pressionando e uma mão apoiada na parede (A). Entre e saia desta postura, estendendo o joelho da perna mais próxima da parede ao inspirar e flexionando-o ao expirar, soltando levemente os braços, se necessário (B). Esse movimento ajuda a aumentar a mobilidade das articulações. Ao entrar na postura pela última vez, afaste a mão da parede e continue na postura respirando várias vezes. Junte os pés e repita a postura do outro lado.

EFEITOS Este exercício é ótimo para melhorar a postura, alongar e fortalecer a coluna, abrir o peito e aumentar a flexibilidade e a força dos quadris, das costas e das pernas. Por ser um exercício de sustentação de peso para os pés, os tornozelos e as pernas, ele estimula a retenção de cálcio nos ossos de suas respectivas áreas.

Modificação A

Modificação B

9. POSTURA ESTENDIDA EM ÂNGULO LATERAL (Utthita Parsvakonasana) Fique na Postura da Montanha (Tadasana). Afaste os pés o máximo possível (cerca de 1,30 metro, se for possível); gire o pé esquerdo 90 graus para fora e o direito levemente para dentro. O calcanhar do pé esquerdo deve ficar alinhado ao arco do pé direito. Estenda os braços para os lados. Ao expirar, flexione o joelho esquerdo de modo que a coxa fique paralela e a canela perpendicular ao chão. (Se o joelho ultrapassar o tornozelo, aumente a distância entre os pés.) Mantendo a perna de trás firme, expire e alongue por toda a coxa esquerda, leve a mão esquerda até o chão (ou um bloco) e alongue o braço direito acima da orelha direita. Leve as escápulas para dentro das costelas, continue alongando a coluna e vire o tronco para o teto, olhando diretamente para a frente ou para o teto. Vire o abdômen para a direita. Respire normalmente e fique nessa posição de 20 a 30 segundos, se possível. Para sair, estenda a perna esquerda e, firmando-se sobre o calcanhar esquerdo e inspirando, levante-se com o impulso do braço direito. Repita a postura do outro lado antes de voltar para a Postura da Montanha.

MODIFICAÇÃO Se precisar de mais apoio, descanse o antebraço sobre uma cadeira colocada ao lado da perna flexionada, em vez de colocar a mão no chão ou num bloco.

EFEITOS Esta postura alarga o abdômen, solta as articulações dos quadris e alonga a coluna. Sendo uma postura que envolve a sustentação do próprio peso, ela também ajuda a fortalecer as pernas, os joelhos e os tornozelos. Também reduz a rigidez nos cotovelos, pescoço e ombros.

Modificação

Modificação

10. POSTURA DO GUERREIRO I (Virabhadrasana I) Fique na Postura da Montanha (Tadasana). Afaste os pés até onde for possível sem causar incômodo (de 1,20 a 1,30 metro) com as pontas voltadas para a frente. Alongue os braços para os lados na altura dos ombros, paralelos ao chão, com as palmas das mãos viradas para baixo. Gire as palmas das mãos para cima e erga os braços até ficarem alinhados às orelhas e paralelos entre si; os cotovelos devem ficar retos. Alongue-os para cima com a ajuda dos quadríceps e erga o abdômen e o peito. Ao expirar, vire ao mesmo tempo o torso e a perna direita 90 graus para a direita e o pé esquerdo uns 60 graus para a direita. Inspirando, alongue-se erguendo os braços. Expire e flexione o joelho direito, de modo que a coxa e a perna formem um ângulo reto.

(Se o joelho ultrapassar o tornozelo, aumente a distância entre os pés.) Mantenha a perna de trás firmemente alongada. Alongue a coluna torácica em direção ao teto. Mantenha o esterno (osso do peito) erguido, alongue o pescoço, leve a cabeça o máximo possível para trás e olhe para os polegares. Se isso exigir demais do pescoço, mantenha a cabeça reta e os olhos relaxados. Se não conseguir ficar nesta postura por mais de 10 segundos, coloque as mãos nos quadris e repita a postura várias vezes para aumentar a mobilidade dos quadris e joelhos.

MODIFICAÇÃO Se você precisar de mais apoio ou estabilidade, pressione os dedos do pé da frente contra a parede e firme as mãos na parede (A). Fixe bem o olhar num ponto à sua frente. Entre e saia dessa postura a cada expiração, mantendo a perna de trás bem estendida, enquanto flexiona e estende a perna da frente três ou quatro vezes (B). Ao flexionar o joelho pela última vez, tire as mãos da parede e estenda os braços acima da cabeça com as palmas das mãos voltadas uma para outra. Mantenha as escápulas para dentro e para baixo e abra o peito. Lembre-se de não deixar o joelho estender-se além do tornozelo. Respire normalmente várias vezes. Retorne à Postura da Montanha (Tadasana) e repita a postura com a outra perna.

EFEITOS Esta postura de sustentação de peso ajuda a aumentar a mobilidade dos quadris e da base da coluna. Entrar e sair dessa postura ajuda a manter as articulações flexíveis. Esta postura é uma excelente preparação para as flexões para trás e é particularmente eficaz para abrir a parte superior das costas e aumentar a mobilidade dos ombros. Ela aumenta a mobilidade da coluna torácica e ajuda a levá-la para dentro do peito e o peito em direção ao teto. É excelente para as pessoas que têm a parte de cima da coluna curvada (cifose ou hipercifose).

Modificação A

Modificação B

11. POSTURA COM INTENSO ALONGAMENTO LATERAL (Parsvottanasana)

Fique na Postura da Montanha (Tadasana). Junte as palmas das mãos em posição de prece nas costas. Role os ombros para trás e pressione as palmas das mãos uma contra a outra para abrir o peito. (Se isso for difícil demais, flexione simplesmente os braços nas costas, com as pontas dos dedos tocando os cotovelos, ou erga os braços acima da cabeça.) Erga o esterno. Afaste os pés, deixando entre eles uma distância de mais ou menos 1 metro, de modo que o peso fique distribuído igualmente entre as pernas. Gire o pé esquerdo uns 90 graus e o direito uns 75 graus para a esquerda. Gire o torso para a esquerda, alongando a coluna, e erga o peito para o teto e olhe levemente para cima (se isso for confortável para o pescoço) (A). Respire algumas vezes, mantendo essa posição. Ao expirar, abaixe o queixo e relaxe os músculos do abdômen e da coluna. Flexione-se para a frente com o pescoço e a coluna nivelados enquanto alonga o lado do corpo e solta a cabeça em direção à perna esquerda (B). Mantenha ambas as pernas retas enquanto estiver na postura. Fique nesta postura de 15 a 20 segundos, respirando normalmente. (Se

Modificação   A

A VERDADE SOBRE A BAIXA DENSIDADE ÓSSEA   95

tiver dificuldades para se equilibrar, ponha as mãos no chão ou sobre blocos, ou ainda apóie-as na perna abaixo do joelho.) Para sair, firme o calcanhar esquerdo no chão, erga a cabeça e o torso juntos e volte à postura em pé. Volte a unir os pés. Solte os braços dos lados do corpo, volte ao centro e repita a postura do outro lado.

EFEITOS Esta postura é especialmente boa para a parte superior das costas e para aliviar a tensão do pescoço, ombros, cotovelos e pulsos, além de ajudar a aliviar a dor da artrite, da escoliose e da cifose.

12. POSTURA EM GIRO E EM TRIÂNGULO (Parivrtta Trikonasana) Fique na Postura da Montanha (Tadasana). Afaste os pés a uma distância de mais ou menos 1 metro; gire o pé esquerdo 90 graus para fora e o direito levemente para dentro. O calcanhar do pé esquerdo deve ficar alinhado ao arco do pé direito. Ponha um bloco paralelo à lateral externa do pé esquerdo. Ao expirar, gire o torso de modo a ficar voltada para a esquerda; a perna e o joelho direitos devem se voltar para dentro. Ponha as pontas dos dedos da mão direita sobre o bloco. Contraia ambas as pernas e mantenha o peito erguido e expandido levando as escápulas para dentro das costas. Respire normalmente de 15 a 20 segundos. Para sair, firme o calcanhar direito no chão e, inspirando, vá erguendo o braço esquerdo. Erga-se lentamente, endireitando o torso. Repita a postura do outro lado antes de unir os pés e voltar à Postura da Montanha.

MODIFICAÇÃO Se essa postura for muito difícil, apóie o antebraço numa cadeira em vez de num bloco. Ponha mais cobertores e almofadas para aumentar a altura da cadeira, se necessário. Repita a postura várias vezes para manter as articulações fluidas e flexíveis. Da última vez, fique na postura por várias respirações, se possível.

EFEITOS A ação de sustentar o próprio peso desta postura estimula os ossos das pernas, braços e da coluna a reterem cálcio. Ela também alonga e fortalece a coluna torácica, aumenta a flexibilidade e a mobilidade dos ombros, quadris e costas, além de melhorar a postura.

Modificação

13. POSTURA EM PÉ COM FLEXÃO PARA A FRENTE EM ÂNGULO ABERTO (Prasarita Padottanasana)

Coloque dois blocos, afastados um do outro na linha dos ombros, no chão à sua frente. Fique em pé, deixando uma distância de mais ou menos 1,20 metro entre os pés (ou a maior distância possível), mantendo suas bordas externas paralelas. Contraia os quadríceps para trazer as rótulas dos joelhos para cima e manter as coxas bem elevadas. Ao expirar, flexione-se para a frente a partir dos quadris e firme as mãos sobre os blocos alinhados aos ombros e estique os braços. Erga os quadris em direção ao teto, afaste a parte de trás das coxas uma da outra ao alongar a coluna para a frente (em direção à cabeça). Leve a parte superior da coluna em direção ao peito. Leve as escápulas para dentro das costelas e olhe para cima. A partir da cintura, a parte superior da coluna ficará levemente côncava. Permaneça nesta postura por 1 minuto, se possível. Em seguida, solte a cabeça e ponha as mãos no chão, se possível. (Se não, mantenha-as sobre os blocos.)

Para sair, ponha as mãos nos quadris, erga o tronco e una os pés.

EFEITOS Esta postura, especialmente a primeira parte, com a coluna levemente côncava e a cabeça erguida, alonga a coluna e a coloca em alinhamento. Essa postura age contra a curvatura para a frente da parte superior das costas e do pescoço, especialmente para as pessoas que sofrem de cifose ou hipercifose.

14. POSTURA DO CACHORRO OLHANDO PARA BAIXO (Adho Mukha Svanasana) Repita a Postura do Cachorro Olhando para Baixo sem usar os blocos contra a parede. Comece com as mãos e os joelhos no chão. Gire as pontas dos pés para baixo e, ao expirar, pressione as mãos com firmeza na esteira e alongue-se para cima usando a parte interna dos braços. Volte a expirar, erguendo as nádegas bem para o alto e levando as coxas para cima e para trás. Continue alongando-se com a ajuda das pernas e leve os calcanhares em direção ao chão. Mantenha as pernas firmes e os cotovelos retos ao erguer as nádegas e solte a cabeça no chão. A ação dos braços e das pernas serve para alongar a coluna e relaxar a cabeça. Fique nesta postura de 30 segundos a 1 minuto, respirando profundamente. Para sair, volte a se apoiar nas mãos e nos joelhos e sente nos calcanhares para fazer algumas respirações ou passe diretamente para a postura seguinte.

EFEITOS Esta excelente postura de total sustentação do peso ajuda a aliviar as dores da artrite nos cotovelos, ombros, pulsos e mãos. Também reduz a rigidez nas costas e nos tendões.

15. POSTURA DO BASTÃO APOIADA SOBRE OS QUATRO MEMBROS

(**Chaturanga Dandasana**) Deitada com o rosto voltado para o chão, dobre os cotovelos e coloque as mãos com as palmas abertas alinhadas à altura das costelas flutuantes. Os pés devem ficar separados na linha dos quadris e as pontas dos pés apoiadas no chão de modo que os dedos fiquem apontados para a cabeça. Expirando, erga o corpo todo alguns centímetros do chão. (Como alternativa, você pode começar essa postura a partir da Postura do Cachorro Olhando para Baixo e, em seguida, levando o corpo para a frente até os pulsos ficarem alinhados aos ombros. Expirando, vá abaixando lentamente o corpo até ele ficar a alguns centímetros do chão.) Mantenha o peito, os quadris, as coxas e os joelhos erguidos, de modo que o corpo todo se apóie apenas nas mãos e nas pontas dos pés. O corpo todo e as pernas devem ficar rijos como uma vara e o rosto e o peito devem ficar paralelos ao chão. Para sair desta postura, expire e vá abaixando o corpo até o chão, e descanse respirando várias vezes.

MODIFICAÇÃO Se você tiver dificuldade para erguer e abaixar o corpo para assumir essa postura sem deixar os ombros ou a base da coluna caírem, coloque um bloco baixo embaixo do umbigo antes de começar a erguer o corpo.

EFEITOS Este exercício de yoga estimula os ossos a reterem cálcio e fortalece os músculos dos ombros, pulsos e cotovelos, bem como das pernas, tornozelos e joelhos. Ele aumenta a força, o equilíbrio e a determinação. Muitas mulheres acham esta postura extremamente importante no sentido de aumentar a autoconfiança.

Modificação

16. POSTURA DO CACHORRO OLHANDO PARA CIMA (Urdhva Mukha Svanasana) Deite-se com o rosto voltado para o chão com os pés afastados na linha dos quadris, os dedos dos pés apontados para trás e as pernas ativas. Flexione os cotovelos, abra os dedos das mãos e coloque as palmas no chão ao lado do peito. Inspirando, erga a cabeça e o pescoço, estendendo os braços e os cotovelos. Erga a pélvis, as coxas e os joelhos do chão. O seu peso deve descansar sobre as palmas das mãos e as pontas dos pés. Mantendo os cotovelos retos, role os ombros para trás e erga ainda mais o peito. Ao alongar o pescoço, leve a cabeça para trás e olhe para cima. (Se você sentir algum desconforto no pescoço, simplesmente olhe para a frente.) Permaneça nesta postura de 15 a 20 segundos. (Apóie as mãos sobre os blocos se não conseguir erguer as coxas do chão ou abrir o peito.) Para sair, expire enquanto flexiona os cotovelos e descansa os quadris, as coxas e o peito na esteira. Deite a cabeça e relaxe.

EFEITOS Esta postura é especialmente eficaz no alívio da dor ciática, da rigidez nos ombros e na parte superior da coluna, assim como da tensão na base da coluna. Abrir o peito poderá melhorar o ânimo quando você estiver deprimida, como também acalmar a agitação nervosa.

Modificação

17. POSTURA DO CAMELO † (**Ustrasana**) Ajoelhe-se no chão com os joelhos e pés afastados na linha dos quadris. Ponha as mãos nas nádegas e, ao expirar, leve as coxas levemente para a frente e erga as costelas laterais. Flexione aos poucos para trás até onde for possível, erga o peito e alargue os ombros. Leve as mãos das nádegas para os pés e segure os calcanhares. (Se não conseguir alcançar os calcanhares, apóie as mãos na cadeira, que deve estar atrás de você.) As coxas devem estar perpendiculares ao chão. Leve a cabeça para trás, desde que a posição seja confortável e respire regularmente, de 10 a 15 segundos. Para sair, solte as mãos, uma por vez. Ao expirar, erga lentamente o esterno, usando os músculos das coxas. A cabeça deve ser a última a subir.

EFEITOS Esta postura traz os benefícios da sustentação do próprio peso para os joelhos, os tornozelos e os pés e estimula a circulação no corpo inteiro e fortalece os músculos das costas.

†CUIDADO Não faça esta postura se estiver com enxaqueca ou dor de cabeça por tensão, ou se sofrer de hipertensão.

MODIFICAÇÃO Coloque uma cadeira de modo que o lado do assento fique próximo de você. Ajoelhe-se na frente da cadeira e apóie as palmas das mãos no assento. Flexione lentamente as costas e alargue o peito enquanto vai deixando as mãos escorregarem para trás pelas laterais do assento. Estire a cabeça para trás, até onde for possível sem sentir tensão ou esforço no pescoço ou garganta. Pressione as canelas e o dorso dos pés contra o chão e empurre as coxas para a frente, afastando-as da cadeira. Mova as escápulas em direção às costelas e role os ombros para trás. Fique nessa postura, respirando regularmente, de 20 a 30 segundos (ou até de 1 a 2 minutos). Para sair da postura, faça as mãos andarem para a frente da cadeira enquanto você se levanta. Use os músculos das coxas e o peito para ajudar-se a sair da flexão para trás.

EFEITOS Esta postura é ótima para aumentar a capacidade dos pulmões, estimular a circulação no corpo inteiro e fortalecer os músculos das costas. Ela vai melhorar a sua postura, podendo com isso tirar a pressão da coluna e remover a rigidez dos ombros, joelhos e tornozelos.

†CUIDADO Não faça esta postura se estiver com enxaqueca ou dor de cabeça por tensão, se tiver artrite nos joelhos, ou se sofrer de hipertensão.

Modificação

18. POSTURA DO ARCO OLHANDO PARA CIMA † (Urdhva Dhanurasana)

Deite-se de costas com os joelhos flexionados, os pés afastados e alinhados aos quadris e os calcanhares junto às nádegas. Flexione os cotovelos e ponha as mãos dos lados da cabeça, com os dedos apontados para os pés. Expirando, erga os quadris e o peito, endireite os braços e alongue as pernas. Erga o cóccix e leve a parte de trás das coxas e as nádegas em direção ao teto. Para sair desta postura, flexione os joelhos e cotovelos e, lentamente, abaixe o corpo até o chão. Mantenha-se nesta postura de 5 a 10 segundos. Se não conseguir, entre e saia dela duas ou três vezes.

MODIFICAÇÃO Se você tiver dificuldade para fazer essa flexão para trás, experimente fazê-la com a ajuda de dois blocos e uma almofada. Ponha os dois blocos contra a parede, deixando entre eles uma distância igual à largura dos seus ombros, e ponha entre eles a almofada, no sentido vertical, tocando a parede (A). Deite-se com as costas sobre a almofada e a cabeça junto à parede. Flexione os cotovelos e apóie as mãos sobre os blocos, com os dedos apontando na direção dos pés. Erga-se conforme as instruções acima (B).

EFEITOS Esta postura melhora a circulação em todo o corpo, estimula todo o sistema nervoso, expande e abre o peito e produz uma sensação geral de alegria e bem-estar.

†CUIDADO Só faça a versão sem apoio desta postura se ela já fizer parte da sua prática de yoga. Busque o conselho de um professor experiente se tiver algum problema no pescoço. Evite esta postura se estiver com enxaqueca ou dor de cabeça, sofrer de hipertensão, tiver algum problema nos ombros ou no pescoço, estiver grávida ou tiver qualquer outra doença séria.

Modificação A

Modificação B

19. POSTURA DA CRIANÇA (Adho Mukha Virasana) Ajoelhe-se no chão com os joelhos a uma distância um pouco maior do que a largura dos quadris e junte os dedões dos pés. Flexione-se para a frente e alongue os braços e o tronco para a frente. Descanse a cabeça no chão ou sobre um cobertor. Permaneça nesta postura de 20 a 30 segundos, levando as escápulas para dentro das costelas e alongando a nuca. Para levantar-se, pressione as mãos contra o chão e sente-se lentamente, erguendo a cabeça por último.

EFEITOS Esta postura alonga e tonifica toda a coluna e alivia a tensão nos músculos da parte superior das costas e do pescoço. Ela também alonga as costas depois das flexões para trás e ajuda a acalmar os nervos.

20. POSTURA DA PONTE (Setu Bandha Sarvangasana) Coloque um bloco na posição vertical contra a parede e outro ao seu lado. Deite-se de costas com os braços ao lado do corpo e os joelhos flexionados. Coloque um cobertor embaixo da cabeça para soltar a nuca, especialmente se você tiver curvatura na coluna torácica. Eleve os quadris e o peito o mais alto que puder e apóie as costas com as mãos, com os dedos apontados para dentro, na direção da coluna. Mantendo a cabeça e os ombros retos no chão, erga a coluna ainda mais, aumentando o arco, e coloque o outro bloco na posição vertical sob a parte carnuda das nádegas. Alongue uma perna por vez, descansando o respectivo calcanhar no bloco vertical contra a parede. Solte os braços de modo que suas mãos fiquem um pouco afastadas do bloco. (Se isso for incômodo, flexione os braços em ângulos retos, com os dedos apontados na direção da cabeça, e relaxe. Ver Modificação.) Mantenha-se nesta postura por pelo menos 30 segundos respirando normalmente.

Para sair, flexione os joelhos e coloque os pés no chão. Em seguida, remova o bloco debaixo do sacro e role lentamente para baixo vértebra por vértebra. Abrace ambos os joelhos junto ao peito e descanse enquanto respira várias vezes.

MODIFICAÇÃO Ponha uma almofada contra a parede, no sentido horizontal, e outra no sentido vertical, formando um T. Coloque um cobertor dobrado no chão, na ponta da almofada vertical, para apoiar a cabeça. Sente-se na extremidade mais próxima da parede da almofada vertical. Com os joelhos flexionados, deite-se de costas sobre a almofada. Escorregue para baixo até que esteja com a ponta da almofada no meio das costas e os ombros tocando o chão. Descanse os ombros e a cabeça no cobertor. Mantendo os pés e os calcanhares unidos, alongue as pernas em direção à parede e ponha os calcanhares sobre a almofada horizontal, com os pés tocando a parede. As pernas devem ficar estendidas à sua frente. Deixe os braços em qualquer posição confortável. Feche os olhos e relaxe completamente, soltando o abdômen e respirando profundamente. Fique nesta postura de 5 a 10 minutos.

Para sair, flexione os joelhos, role devagar para o lado e sente-se.

EFEITOS Esta postura é boa para tonificar os rins e as glândulas supra-renais. Essa suave inclinação para trás abre as costas e alivia a tensão nos ombros.

Modificação

21. POSTURA COM AS PERNAS LEVANTADAS CONTRA A PAREDE E CICLO † (Viparita Karani)

Ponha uma almofada a uns 10 centímetros da parede. (Se você á alta, talvez precise de um apoio mais alto, como um cobertor dobrado na ponta da almofada.) Sente-se na almofada, com o lado do corpo e o quadril direito em contato com a parede. Usando as mãos para se apoiar, incline-se para trás e gire o corpo, levantando e apoiando na parede primeiro a perna direita e depois a esquerda. As nádegas devem ficar encostadas ou bem próximas da parede. (Se você sentir rigidez ou desconforto nas pernas, afaste ligeiramente as nádegas da parede.) Deite-se, com a base das costas e as costelas apoiadas na almofada e os ombros e a cabeça no chão. (Se sentir desconforto no pescoço, coloque uma toalha ou cobertor dobrado debaixo dele.) Alongue-se com a ajuda das pernas e ponha os braços para os lados, com os cotovelos flexionados e as palmas das mãos para cima (A). Descanse nesta postura, de olhos fechados, por no mínimo de 5 a 10 minutos.

†CUIDADO Não faça esta postura quando estiver menstruada.

A

CICLO Sem mover o torso, deixe as pernas se abrirem para os lados (B). Permaneça nesta posição, respirando normalmente, de 3 a 5 minutos.

Mantendo o torso na mesma posição, flexione os joelhos, cruze as pernas e os tornozelos e continue a respirar nesta postura por mais 3 a 5 minutos (C).

Para sair da postura, flexione as pernas, apóie as solas dos pés contra a parede e, lentamente, vá se afastando da parede até que as nádegas estejam fora da almofada e no chão (D). Role para um lado. Respire tranqüilamente algumas vezes antes de usar os braços para colocar-se na posição sentada.

EFEITOS Esta postura alivia a tensão nervosa e ajuda a equilibrar o sistema nervoso, mitigando os efeitos dos hormônios do stress (cortisol e adrenalina).

B

C

D

22. POSTURA DO CADÁVER (Savasana) Deite-se de costas, com as pernas estendidas à sua frente e a cabeça confortavelmente apoiada. Ponha os braços confortavelmente dos lados do corpo, levemente afastados do torso, com as palmas das mãos voltadas para cima. Alongue ativamente os braços e as pernas e depois deixe que relaxem completamente. Feche os olhos e relaxe o corpo todo. Respire algumas vezes, inspirando o ar para o peito sem contrair a garganta, o pescoço e o diafragma. Expire soltando o corpo no chão, principalmente os ombros, o pescoço e os músculos da face. Relaxe o músculo da base pélvica (aquele que você usa para parar de urinar) e os músculos das nádegas e do abdômen; solte a base das costas. Enquanto relaxa, respire normalmente por pelo menos 10 minutos.

Para sair desta postura, flexione os joelhos, role para o lado e fique sentada, respirando algumas vezes, antes de se levantar.

EFEITOS Esta postura, profundamente relaxante, ajuda seu corpo a integrar os efeitos da prática de yoga. Ela dá mais confiança, alivia a fadiga e a depressão e rejuvenesce todo o corpo.

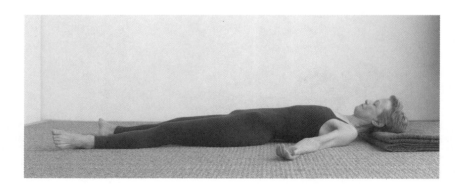

De uma postura a outra

A Parada dos Braços ou a Postura de Equilibrar-se sobre os Braços Estendidos (Adho Mukha Vrksasana): Se já faz parte da sua prática, esta postura de sustentação do próprio peso é ótima para fortalecer não apenas os ossos, mas também a autoconfiança.

Fique na Postura da Montanha (Tadasana) diante de uma parede. Incline-se para a frente e coloque as mãos, com os dedos separados, afastadas na linha dos ombros, a uma distância de aproximadamente 30 centímetros da parede. Mantenha os braços totalmente estendidos e as escápulas na direção das costelas. Leve as pernas para trás e flexione os joelhos. Expirando, impulsione as pernas para cima, uma de cada vez se for necessário, até elas descansarem contra a parede. Com a cabeça suspensa, permaneça nesta postura por até 1 minuto, se possível. Se as mãos estiverem longe demais da parede, a curvatura da espinha também será muito acentuada e você vai sentir tensão na base das costas. Uma vez equilibrada com os pés na parede, tente afastá-los da parede; depois, estique bem as pernas, com os dedos dos pés apontados para o teto. Para sair desta postura, volte a apoiar as pernas na parede e abaixe lentamente uma perna de cada vez até o chão. Fique na Postura da Criança e respire algumas vezes antes de sentar-se.

Cuidado Não faça esta postura se tiver problemas nos pulsos ou ombros, nem se estiver menstruada.

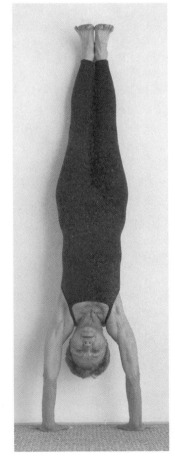

Capítulo 5

O Diagnóstico da Osteoporose

SE VOCÊ RECEBEU O DIAGNÓSTICO DE OSTEOPOROSE OU PERDEU UMA QUANTI-dade significativa de densidade mineral óssea, converse com seu médico ou terapeuta antes de iniciar qualquer programa de yoga. Você pode nem saber se quebrou algum osso, mas se perdeu pelo menos cinco centímetros de altura, é bem provável que tenha sofrido alguma fratura vertebral. Uma radiografia pode confirmar isso.

A pessoa que tem osteoporose fica numa típica situação de impasse. Se fizer exercícios demais — ou exercícios inadequados — ela não apenas terá dores, mas poderá muito bem sofrer outras fraturas. E se não fizer exercícios, seus músculos ficarão mais rijos e fracos e ela se privará tanto do cálcio que é vital quanto dos outros minerais necessários para prevenir outras fraturas. No entanto, o diagnóstico da osteoporose não representa mais automaticamente uma sentença de morte, pois é uma doença que pode ser revertida. Mas para evitar futuras fraturas e aumentar a densidade mineral óssea, a flexibilidade e a força, você terá de tomar consciência de como trata seu corpo: dê a ele o tipo apropriado de exercício, uma alimentação saudável e mantenha uma atitude positiva. É imperativo que você procure orientação de um professor de yoga experiente e esclarecimentos de um médico para poder estabelecer o equilíbrio certo entre atividade e repouso, bem como uma alimentação que ajude a fortalecer a saúde de seus ossos.

FALTA DE EQUILÍBRIO

Para piorar a situação, as mulheres idosas que têm osteoporose tendem a cair com mais freqüência do que as que têm ossos saudáveis. Uma visão fraca acompanhada de uma postura da cabeça inclinada para a frente, músculos fracos e de uma grande dose de insegurança ou medo aumenta a probabilidade de queda; a condição frágil dos ossos é garantia quase certa de que qualquer queda resultará em algum tipo de fratura. Segundo a dra. Mary Schatz, num artigo no *Yoga Journal*, a falta de exercícios afeta tanto a coordenação quanto o tônus muscular, de modo que as mulheres mais idosas e menos ativas tendem a perder o equilíbrio quando começam a cair. Na opinião da dra. Schatz, "A coordenação neuromuscular também é afetada pela postura. As informações sobre a postura da cabeça são enviadas pelas articulações das vértebras cervicais para o cérebro. Nas pessoas idosas que andam com a cabeça inclinada para a frente, esse sistema de comunicação é falho". Em outras palavras, quando elas tropeçam, esse sistema falho de reação impede-as de recuperarem o equilíbrio. Cada escorregadela pode se tornar um desastre.

HIPERCIFOSE

Apesar de a cifose, ou curvatura da parte superior da coluna torácica, constar na lista dos principais fatores de risco da osteoporose, tê-la não significa necessariamente ter osteoporose. Só a metade das mulheres portadoras de cifose sofre fraturas e, mesmo assim, as fraturas em geral ocorrem antes, provocando a curvatura nas costas. De acordo com a dra. Gail Greendale, gerontologista da University of California (UCLA), Los Angeles, 30% das fraturas vertebrais são sintomáticas (dolorosas). Quando a mulher curva-se para a frente para evitar a dor, ela está colocando mais pressão sobre a parte anterior (frontal) da coluna e, com isso, provoca outras fraturas, num típico efeito dominó. Na outra metade das portadoras de hipercifose, o problema pode ser simplesmente resultado de erro postural. Má postura, ombros caídos, cabeça inclinada para a frente, quadris e joelhos curvados, tudo isso contribui para o que a dra. Greendale chama de "postura cifótica". Portan-

CIFOSE

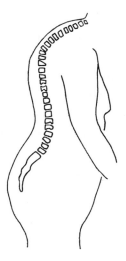

to, se admitirmos que a cifose seja, em parte, resultado da postura e, em parte, da curvatura estrutural do próprio osso, as pessoas que a têm podem pelo menos melhorar o elemento postura pela prática do yoga. No entanto, por mais yoga que façam, o osso não vai ficar reto.

Annie Carpenter, professora de yoga de longa data no centro Yoga Works em Santa Monica, Califórnia, acredita que a cifose castigue as mulheres não apenas fisicamente. No seu trabalho com mulheres portadoras de hipercifose, Annie observou em muitas delas as repercussões emocionais dessa doença. Ela observa que à medida que a curva na parte superior das costas se acentua, o abdômen tende a projetar-se mais para a frente e a respiração torna-se mais difícil e menos profunda. Muitas das mulheres com as quais ela falou expressaram frustração e constrangimento por causa da barriga, a ponto de pararem de comer e de sair de casa. Elas também não se exercitam muito, porque não conseguem respirar satisfatoriamente. Em conseqüência disso, elas sofrem de privação de oxigênio e de movimento e são deprimidas e solitárias. E como não se alimentam bem, elas obviamente não ingerem as quantidades necessárias de vitaminas e minerais para manterem seus corpos plenamente ativos e saudáveis.

COMO O YOGA PODE AJUDAR

O yoga é uma prática incrivelmente adaptável. Quando a pessoa é forte e saudável (e não apresenta nenhum sintoma), ela pode praticar yoga sem apoio e levar seu corpo a fazer todos os movimentos. Ela colhe todos os benefícios das posturas em pé, das inversões, flexões para trás e para a frente e torções. As posturas que envolvem a sustentação do próprio peso fortalecem os ossos, enquanto outras equilibram o sistema nervoso e fortalecem a autoconfiança; outras ainda proporcionam a sensação de profundo relaxamento e bem-estar. E mesmo a pessoa com ossos frágeis ou que tenha sofrido uma fratura pode praticar yoga e obter benefícios semelhantes. Mas, para isso, ela terá de modificar as posturas, para que elas respondam às necessidades do seu corpo nas circunstâncias atuais.

Patricia diz

Se você já teve fraturas causadas pela osteoporose, siga as seguintes dicas:
- Evite fazer movimentos bruscos ou impetuosos.
- Não pratique a Parada de Cabeça (Sirsasana) nem qualquer outra postura invertida sem apoio, pois do contrário seu peso poderia recair sobre a coluna.
- Não faça flexões para a frente. Elas podem comprimir a parte anterior (frontal) da coluna e aumentar a probabilidade de outras fraturas.
- Não faça as posturas de equilíbrio sem o apoio de uma cadeira ou parede.

Para demonstrar que o yoga pode ter um efeito positivo sobre as mulheres portadoras de hipercifose, a dra. Greendale supôs que o yoga podia "melhorar o funcionamento físico e emocional, bem como combater algumas das causas musculares e biomecânicas subjacentes" da doença. Em 1999, ela convidou Annie Carpenter para participar de um estudo piloto para medir tais efeitos em mulheres de 60, 70 e 80 anos. Annie Carpenter, professora de yoga da própria dra. Greendale, criou e ensinou um conjunto de práticas adaptado a esse grupo de mulheres de ossos frágeis, colocando ênfase na respiração e na *essência* das asanas clássicas, uma vez que elas provavelmente nunca conseguiriam, e nem mesmo tentariam, realizar as posturas originais. Annie Carpenter declara que "O processo de criar esse conjunto de práticas tornou-se uma entusiástica investigação sobre a *intenção* da prática de asanas em lugar de seus resultados como um fim por si mesmo". Em outras palavras, será que aquelas mulheres podiam obter os benefícios que o yoga costuma oferecer, fazendo o mínimo possível de movimentos? As conclusões parecem dizer que sim, que podiam, e de fato, obtiveram. No estudo da dra. Greendale, 21 mulheres tiveram aulas de yoga de uma hora, duas vezes por semana, por um período de doze semanas. Elas anotaram todas as suas experiências em diários, responderam a perguntas formuladas livremente e acrescentaram comentários próprios.

A dra. Greendale apressa-se a esclarecer que esse foi apenas um estudo piloto e, como tal, não teve nenhum grupo de controle com o qual comparar os resultados. As participantes eram tomadas e conduzidas pela mão e cada uma tinha uma curvatura torácica de pelo menos 40 graus. Greendale e sua equipe submeteram as mulheres a uma série de testes para terem a certeza de que elas podiam fazer as aulas de yoga sem risco; cada uma delas foi julgada fisicamente capaz de participar e a dra. Greendale achou que nenhuma delas ia se esforçar além de sua capacidade. O programa centrou-se em quatro seqüências de yoga, que Annie Carpenter adaptou para a condição física das participantes. Os alvos das posturas eram os músculos do pescoço e dos ombros, que mantêm a coluna ereta, e os abdominais — músculos e articulações que comumente têm mais relação com a cifose. A cada período de três semanas, ela introduzia posturas novas e mais desafiadoras.

O estudo da dra. Greendale fez várias medições: altura sem sapatos, distância entre o trago (ouvido) e a parede (quando em pé de costas para a parede) e o ângulo da cifose (grau da curvatura torácica). Ela mediu também certos critérios de desempenho físico. Por exemplo, se as participantes conseguiam passar de uma postura em pé para uma sentada mais rapidamente do que antes de iniciarem as aulas de yoga; se haviam aumentado a extensão dos braços; se elas conseguiam passar no "teste da moeda" (pegar uma moeda no chão) ou no "teste do livro" (colocar um livro numa prateleira alta).

O caso de Sylvia

Sylvia Unger foi uma das participantes mais idosas do estudo da dra. Greendale — 86 anos. Foi por recomendação do seu médico, por causa de sua cifose, que ela se inscreveu para participar. Mas ela nunca tinha imaginado que a prática a faria sentir-se tão bem. Ela sempre gostara de caminhar; costumava caminhar sozinha muitos quilômetros por semana antes da queda que havia acabado de sofrer. Hoje, ela caminha com amigas. Ela acha que o yoga ajudou-a a se recuperar mais rapidamente e impediu que ela tivesse qualquer fratura óssea. Mas o melhor do yoga para Sylvia é a sensação que lhe proporciona de ser muito mais alta. Ela não sabe dizer se de fato ficou mais alta — ela acha que isso pode ter acontecido — mas isso não importa. Ela se sente mais alta. E, assim, ao ver seu reflexo nas vitrines das lojas, ela se sente feliz.

A idade das participantes variava de 63 a 86 anos. Nove das mulheres não haviam sofrido nenhuma fratura torácica ou lombar, sete haviam tido pelo menos uma fratura torácica, e cinco haviam tido tanto fraturas torácicas quanto lombares. Os resultados foram promissores em todos os sentidos: a altura das participantes aumentou e a distância entre o trago e a parede diminuiu. Todos os testes de rapidez (passar de sentada para a postura em pé, o teste da moeda e o teste do livro) mostraram resultados mais rápidos e em todas elas a capacidade de estender os braços também aumentou. A única coisa que não melhorou foi o ângulo da cifose. Mas as mulheres pareciam e sentiam-se diferentes. Como observou a dra. Greendale: "Essas mulheres vieram ao grupo sentindo-se traídas por seu corpo." A prática de yoga ajudou-as a perceber um modo de estimular seu corpo a trabalhar por elas e não contra elas. No início do curso, muitas delas tinham muita raiva e, no final, estavam cheias de entusiasmo e sentindo-se prontas para recomeçar a vida. Quando a dra. Greendale observou a classe na Postura do Cadáver (Savasana), ela comentou: "Todas elas pareciam anjos e dez anos mais jovens."

DUAS SEQÜÊNCIAS PARA MULHERES COM CIFOSE E/OU FRATURAS NA COLUNA

A primeira das seqüências deste capítulo foi programada para estimular a postura mais ereta e para aumentar a força e o equilíbrio. Para as mulheres portadoras de cifose a probabilidade de terem osteoporose é maior, o que representa um maior risco de fratura óssea ao caírem ou de pressão excessiva sobre os ossos. Além do mais, essas mulheres têm problemas de equilíbrio e muitas delas sofrem de fraqueza muscular ou outros problemas que podem tornar arriscada a prática de yoga. A seqüência seguinte não foi feita para pessoas que precisam de bengala ou andador ou que caíram e tiveram ferimentos. Para ver se você está em condições de praticar esta seqüência, faça os seguintes testes:

- Da posição sentada ou reclinada passe para a postura em pé; e estando em pé, volte a sentar-se no chão sem esforço e com segurança.

- Erga os braços até pelo menos a altura dos ombros sem perder o equilíbrio.

- Fique em pé, com os pés afastados na linha dos quadris por pelo menos um minuto, mantendo-se bem equilibrada.

A mulher que tiver algum problema médico ou de saúde deve discutir sua disposição de fazer yoga com seu médico ou terapeuta antes de começar esta seqüência.

Lembre-se de que o yoga deve fazer você se sentir bem, tanto durante quanto depois da prática. Mesmo que você venha a sentir os músculos um pouco doloridos no dia seguinte ao da prática, nunca deverá sentir dor ou cansaço excessivo. Sua respiração pode dar a dica sobre como você está indo. Se você conseguir se manter calma e centrada, e sua respiração for calma e regular durante todo o tempo, provavelmente você estará desfrutando de uma prática de yoga segura e benéfica. Se sua respiração se tornar irregular ou se você perceber que está prendendo a respiração, provavelmente você estará se esforçando demais. Só depois de se sentir completamente à vontade com a prática da primeira seqüência é que você poderá passar para a segunda. Faça cada uma delas devagar e com muito carinho para com seu corpo.

UMA SEQÜÊNCIA PARA A OSTEOPOROSE OU A CIFOSE

Para as mulheres portadoras de osteoporose ou cifose, esta seqüência suave e segura vai relaxar as tensões, estimular a respiração mais profunda, abrir o peito e aumentar a força na parte de cima das costas. Sempre que você se deitar de costas, coloque um ou dois cobertores dobrados sob a cabeça para que o queixo não fique voltado para o teto e a nuca não fique comprimida.

1. Postura do Cadáver (Savasana) com Respiração em Três Tempos (Pranayama)
2. Postura do Cadáver com os Braços acima da Cabeça (Urdhva Hastasana em Savasana)
3. Pressão dos Ombros
4. Elevação dos Quadris (Setu Bandha Sarvangasana)
5. Postura do Gafanhoto (Salabasana) com os braços em diferentes posições
6. Postura com o Estômago Torcido (Jatara Parivartanasana)
7. Postura do Cadáver (Savasana)

1. POSTURA DO CADÁVER (Savasana) Coloque dois ou mais cobertores dobrados no chão para apoiar a cabeça e tenha uma cadeira à mão. Deite-se de costas, com os cobertores sob a cabeça para que a testa e o queixo fiquem alinhados. Descanse as panturrilhas no assento da cadeira de modo a deixar as coxas quase em linha vertical. (Se você é alta, talvez precise colocar um cobertor dobrado sobre o assento da cadeira para elevar as pernas e, assim, corrigir a altura.) Deixe a cabeça descansar completamente sobre os cobertores e deixe os ombros pesarem no chão. Permaneça nesta postura por no mínimo 3 minutos antes de passar para a postura seguinte.

EFEITOS Esta postura proporciona uma sensação de calma e serenidade e coloca você em contato com a respiração.

RESPIRAÇÃO EM TRÊS TEMPOS (Pranayama) Você pode permanecer na postura apoiada anterior (p. 125) ou deitar-se sobre a esteira com as pernas abertas na linha dos quadris. Expire completamente. Inspire, levando a respiração para a parte mais baixa das costelas (as costelas flutuantes), expandindo-as para os lados, para a frente e para trás. Expire completamente. Inspire novamente, levando o ar até as costelas flutuantes, preencha agora as costelas intermediárias, expandindo-as também ao máximo, mantendo os ombros e o pescoço relaxados. Expire completamente, primeiro o ar das costelas intermediárias e, em seguida, das inferiores. Volte a inspirar, levando o ar até as costelas mais baixas, as intermediárias, as superiores e a parte mais alta do peito, abrindo e expandindo em todas as três direções (frente, atrás e lados). Muito lentamente expire todo o ar para fora do corpo. Respire algumas vezes sem esforço e repita o processo várias vezes.

EFEITOS Esta simples seqüência de pranayama aumenta a circulação nos pulmões e na pélvis. A respiração consciente promove uma profunda consciência do corpo todo por acalmá-lo e revigorá-lo ao mesmo tempo.

2. POSTURA DO CADÁVER COM OS BRAÇOS ACIMA DA CABEÇA

(**Urdhva Hastasana em Savasana**) Ainda deitada de costas, flexione os joelhos. Inspire e expanda o peito. Ao expirar, deixe os ombros caírem. Inspirando, erga os braços de modo que os dedos das mãos fiquem voltados diretamente para o teto e as palmas uma para a outra. Expirando, pressione os ombros no chão e deixe as escápulas descerem pelas costas (A). Inspirando, abra o peito e expirando, abaixe os braços para os lados do corpo. Repita esse procedimento 5 vezes.

Inspire e expanda o peito; expirando, deixe os ombros caírem. Na próxima inspiração, erga os braços de modo a ficar com os dedos voltados para o teto e as palmas das mãos uma para a outra. Ao expirar, pressione os ombros no chão e deixe as escápulas descerem pelas costas. Inspirando, eleve os braços sobre a cabeça em direção ao chão, esticando-os o máximo possível enquanto expira (B). Leve os braços até o chão se conseguir. Inspire e abra o peito. Agora expire ao levar os braços de volta por cima da cabeça e abaixe os braços de volta para os lados do corpo. Repita 5 vezes. Descanse.

EFEITOS Esta postura alivia a tensão nos ombros, cotovelos, parte superior das costas e pescoço.

A

B

3. PRESSÃO DOS OMBROS Continue deitada de costas com os joelhos flexionados e os pés firmes no chão, alinhados aos quadris. Inspire, levando o ar para o peito. Ao expirar, pressione os ombros e a parte posterior dos braços no chão. Volte a inspirar profundamente; expire e relaxe. Repita 5 vezes. Descanse.

EFEITOS Esta postura ajuda a relaxar os ombros, o pescoço e os músculos peitorais.

4. ELEVAÇÃO DOS QUADRIS (Setu Bandha Sarvangasana) Inspire para expandir o peito. Ao expirar, alongue os quadris até os calcanhares. Inspire e pressione os pés no chão; erga a pélvis do chão. Procure manter os quadris, os joelhos e os tornozelos alinhados. Expirando, solte o quadril no chão. Repita 5 vezes. Descanse.

EFEITOS Esta postura ajuda a aliviar a tensão no sacro e na coluna lombar. Ela também traz os benefícios da sustentação de peso aos pés, tornozelos e quadris.

5. POSTURA DO GAFANHOTO (Salabasana) Gire com cuidado o corpo para ficar de bruços. Alinhe a cabeça à coluna, colocando ou o queixo ou a testa no chão. Estire as pernas para trás, mantendo-as paralelas. (Se sentir alguma pressão na base das costas, você poderá colocar um cobertor dobrado sob a cintura.)

BRAÇOS ALTERNADOS Estenda os braços para a frente de modo a formar um V: a distância entre as mãos vai ficar um pouco maior do que a largura dos ombros. Gire os braços para que as palmas das mãos fiquem uma voltada para a outra e os dedos mínimos fiquem no chão. Inspirando, erga o braço direito do chão, estendendo-o o máximo possível para a frente (A). Expire enquanto volta a abaixá-lo. Faça o mesmo com o braço esquerdo. E repita o processo todo 5 vezes.

Agora, inspirando, erga um pouquinho a perna direita estendendo-a o máximo possível para trás e, em seguida, solte-a expirando. Faça o mesmo com a perna esquerda e repita o processo todo 5 vezes. Descanse.

Coloque as palmas das mãos estendidas no chão. Inspirando, erga o mais alto possível o braço direito e a perna esquerda, mantendo-os tão eretos quanto puder, alongando-os e afastando-os um do outro (B). Expire e abaixe ambos os membros. Faça o mesmo com o braço esquerdo e a perna direita. Continue até completar 5 ciclos. Descanse.

A

B

BRAÇOS ESTIRADOS PARA OS LADOS   Estenda os braços retos, a partir dos ombros, para os lados. Gire os braços para que as palmas das mãos fiquem voltadas para a frente. Inspirando, erga os braços alguns centímetros do chão e estenda-os para os lados. Expirando, empurre as escápulas para baixo nas costas. Ao inspirar, erga a cabeça, o pescoço e o peito (C) — o máximo que puder — e ao expirar, abaixe-os lentamente. Faça mais uma respiração completa. Agora, inspire e estenda as pernas para trás e erga-as — novamente, o máximo que puder. Expire e abaixe as pernas. Faça uma respiração completa outra vez. Repita o ciclo todo, primeiro com os braços e peito e, depois, com as pernas, 5 vezes. Descanse.

EFEITOS A Postura do Gafanhoto e todas as suas variações aliviam a rigidez na coluna. Ela proporciona os benefícios da sustentação do peso tanto aos braços, quanto aos ombros, cotovelos e à coluna.

C

D

6. POSTURA COM ESTÔMAGO TORCIDO (Jatara Parivartanasana) Deite-se de costas, com os joelhos flexionados e as solas dos pés no chão, separados na linha dos quadris. (Apóie a cabeça sobre cobertores dobrados, se precisar.) Inspirando, estenda os braços para os lados na altura dos ombros, com as palmas das mãos voltadas para cima. Erga um pouquinho os pés do chão e, expirando, deixe ambos os joelhos penderem levemente para a esquerda até você sentir uma suave torção nos quadris e base das costas. Respire algumas vezes e tente girar a cabeça e o pescoço muito lentamente para a direita. Inspire profundamente e, ao expirar, leve cuidadosamente os joelhos e a cabeça de volta ao centro. Faça mais uma respiração completa e repita o processo todo do outro lado.

EFEITOS Esta postura é importante para fortalecer o núcleo central que é fundamental para a força e o equilíbrio.

7. **POSTURA DO CADÁVER** (Savasana) Coloque um ou mais cobertores dobrados no chão para apoiar a cabeça e uma cadeira ao alcance da mão. Deite-se de costas com os cobertores sob a cabeça para que a testa e o queixo fiquem nivelados. Descanse as panturrilhas no assento da cadeira de modo que as coxas fiquem na posição quase vertical. (Se você é alta, talvez precise colocar um cobertor dobrado sobre o assento da cadeira para elevar as pernas.) Deixe a cabeça descansar completamente sobre os cobertores e deixe os ombros se afundarem no chão. Permaneça nesta postura pelo menos 3 minutos antes de iniciar a postura seguinte. Feche os olhos e relaxe de 5 a 10 minutos.

EFEITOS   Esta postura não só é profundamente relaxante e restauradora, como também integra os efeitos de toda a seqüência de posturas anteriores.

UMA SEQÜÊNCIA COM O APOIO DE UMA CADEIRA PARA A HIPERCIFOSE

1. Postura do Bastão (Dandasana) com Respiração Triunfante (Ujjayi Pranayama)
2. Postura do Bastão com os Braços Acima da Cabeça (Urdhva Hastasana em Dandasana)
3. Postura do Bastão com os Braços em Posição de Prece (Namaskar em Dandasana)
4. Elevação das Pernas (Utkatasana Prep)
5. Postura da Montanha (Tadasana)
6. Postura da Montanha com os Braços Acima da Cabeça (Urdhva Hastasana em Tadasana)
7. Postura Feroz (Utkatasana)
8. Postura do Guerreiro I (Virabhadrasana I)
9. Postura do Cachorro com a Cabeça Semivoltada para Baixo (Ardha Adho Mukha Svanasana)
10. Postura Sentada com Torção Simples (Bharadvajasana)
11. Postura do Cadáver (Savasana)

Esta seqüência de posturas foi programada para as mulheres que já conseguem fazer confortavelmente as seqüências no chão. Antes de começar, tenha a certeza de que é capaz de levantar-se de uma posição sentada e voltar a sentar-se com relativa facilidade. Use a cadeira para apoiar-se nas posturas em pé e ajudá-la a equilibrar-se; vá devagar e atentamente, usando a respiração como medida do seu progresso. Esta seqüência de posturas vai fortalecer os músculos que mantêm a coluna ereta (aqueles músculos que acompanham toda a coluna); melhorar a postura e, com isso, tirar a pressão da coluna; melhorar o equilíbrio e aumentar a autoconfiança. Como uma combinação de posturas que envolvem sustentar o próprio peso e de movimentos, ela vai servir para aumentar lentamente, porém de modo seguro, a massa muscular e óssea.

1. POSTURA DO BASTÃO (Dandasana) Sente-se na ponta da frente de uma cadeira de modo que as costas fiquem longe do encosto. Coloque os pés no chão (coloque um bloco sob cada um deles se precisar fazer esforço para os pés tocarem o chão), na largura dos quadris, com os dedos apontando diretamente para a frente. Você pode colocar as mãos no assento da cadeira ao lado dos quadris e pressioná-las para ficar ereta. Coloque a pélvis na postura ereta e alongue a coluna até sentir a cabeça movendo-se para cima. Relaxe a face e fixe o olhar num ponto à sua frente. Role levemente os ombros para trás e, aprofundando a respiração, deixe o torso subir e abrir-se.

EFEITOS Esta postura proporciona os benefícios da sustentação do peso igualmente para a coluna, o sacro e os ombros.

RESPIRAÇÃO TRIUNFANTE (Ujjayi Pranayama) Continue sentada ereta e observe a respiração. Faça uma expiração longa e lenta. Inspire muito lentamente e profundamente (sem fazer esforço), expandindo os pulmões para a frente e para trás, para ambos os lados, para cima e para baixo. Depois, expire calmamente, mantendo o torso erguido. Continue até completar de 5 a 10 ciclos, mantendo o olhar fixo num ponto e o rosto relaxado. Retorne à respiração normal.

Agora, vamos nos concentrar na expiração. Expire completamente e inspire calmamente. Expire muito lentamente, mas sem fazer qualquer esforço. Tente esvaziar todo o ar antes de inspirar outra vez calma e regularmente. Repita de 5 a 10 vezes e depois volte a respirar normalmente.

Agora, expire completamente. Inspire lentamente, enchendo de ar e expandindo o peito. Mantenha o peito erguido e expire lenta e suavemente todo o ar para fora. Emende o término de uma expiração com o começo da próxima inspiração e o término dessa inspiração com o começo da expiração seguinte. Repita esse ciclo completo de 5 a 10 vezes. Volte a respirar normalmente.

EFEITOS Quem sofre de hipercifose, é comum ter dificuldade para respirar e levar oxigênio suficiente até os pulmões. Essa respiração expande os pulmões, acalma os nervos e proporciona bem-estar a todo o ser.

2. POSTURA DO BASTÃO COM OS BRAÇOS ACIMA DA CABEÇA

(**Urdhva Hastasana em Dandasana**) Sente-se numa cadeira em posição ereta e voltada para a frente. Inspire, enchendo o peito de ar. Expirando, estenda os braços para baixo. Inspirando, erga os braços para a frente de modo que fiquem esticados a partir dos ombros e as palmas das mãos voltadas uma para a outra. Expire e mova as escápulas para dentro das costas. Inspire lentamente e, de modo confortável, eleve os braços o máximo que puder. Inspire enquanto abaixa-os. Repita a postura 5 vezes.

3. POSTURA DO BASTÃO COM OS BRAÇOS EM POSIÇÃO DE PRECE

(**Namaskar em Dandasana**) Sente-se numa cadeira em posição ereta e voltada para a frente. Junte as mãos diante do coração em posição de prece. Inspire, expandindo o peito. Expire suavemente e pressione uma mão contra a outra, puxando os ombros para baixo e para trás e, ao mesmo tempo, juntando as escápulas (A). Inspire e abra os braços flexionados para os lados, fazendo pressão com toda a parte posterior do braço (B). Expire e volte à posição de prece. Repita o ciclo 5 vezes.

EFEITOS   Esta postura proporciona os benefícios da sustentação do próprio peso, mais particularmente às mãos, aos braços, cotovelos e ombros. Ela também desenvolve o centro da força no abdômen.

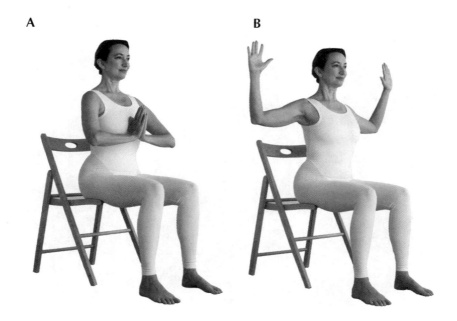

4. ELEVAÇÃO DAS PERNAS (Utkatasana Prep) Sentada numa cadeira em posição ereta e voltada para a frente, apóie as mãos nos lados do assento para se equilibrar. Inspirando, erga o pé direito do chão, mantendo o joelho flexionado e as costas tão eretas quanto for possível. Expirando, coloque o pé de volta no chão. Faça o mesmo com a perna esquerda. Repita o exercício 5 vezes.

Agora, inspirando, erga a perna direita; estenda-a e alongue-a o máximo que puder, enquanto expira. Inspire e flexione o joelho, mantendo a perna erguida. Expire e volte o pé para o chão. Troque de perna. Repita o exercício 5 vezes.

EFEITOS Esta postura desenvolve o equilíbrio e o centro de força no abdômen, além de aliviar a tensão nos joelhos, nas pernas e nos quadris.

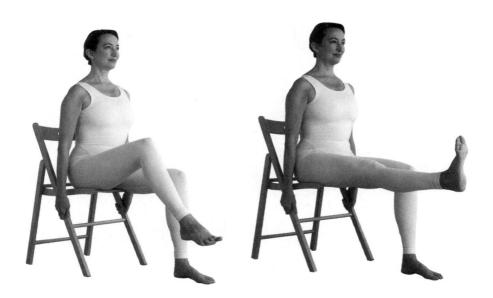

5. POSTURA DA MONTANHA (Tadasana)   Fique em pé com os pés separados na largura dos quadris e tenha uma cadeira ao lado para se equilibrar. Inspire profundamente, levando o ar para o peito e rolando os ombros para trás. Observe se está bem equilibrada sobre os pés e veja se consegue manter os dedos dos pés abertos. Transfira o peso do corpo primeiro em direção aos calcanhares e depois em direção às pontas dos pés; fique balançando-se assim algumas vezes, suave e lentamente, com uma mão apoiada na cadeira, se sentir necessidade. Procure perceber do que você precisa para manter a sensação de equilíbrio. Coloque-se no lugar em que sente ser seu centro e fique parada e ereta. Fixe o olhar em algum ponto à sua frente e respire profundamente algumas vezes.

EFEITOS   Esta posição corrige a postura, promove o equilíbrio e alonga a coluna. Proporciona os mesmos benefícios da sustentação do próprio peso às pernas e pés.

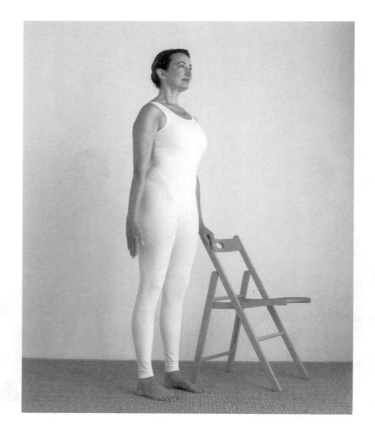

6. POSTURA DA MONTANHA COM OS BRAÇOS ACIMA DA CABEÇA

(**Urdhva Hastasana em Tadasana**) Ainda em pé em postura ereta, sinta o peso distribuído por toda a extensão dos pés e respire profundamente, levando o ar ao peito. Apóie uma mão na cadeira e, inspirando, erga o outro braço para o lado. Expirando, vire o braço estendido a partir do ombro de modo que a palma da mão fique voltada para cima. Inspirando, estenda confortavelmente o braço para cima o máximo que puder. Solte a mão que estava segurando a cadeira, se possível, e erga o braço até ele ficar paralelo ao outro. Permaneça nesta postura até completar uma ou duas respirações. Ao expirar, deixe ambos os braços penderem lentamente para os lados. Repita 5 vezes esta postura. Descanse.

EFEITOS Esta é uma ótima postura para aumentar a autoconfiança e fortalecer o equilíbrio.

7. POSTURA FEROZ (Utkatasana) Fique em pé com os pés separados na largura dos quadris e com uma mão apoiada na cadeira ao lado. Transfira lentamente o peso em direção aos calcanhares e, inspirando, flexione lentamente os joelhos o máximo que puder, mantendo os calcanhares no chão. Expirando, pressione os pés no chão para alongar as pernas e fique na posição ereta. Procure manter o torso ereto ao flexionar cada um dos braços. Repita a postura 5 vezes. Descanse.

Faça a mesma postura, estendendo o braço livre o máximo que puder para o alto ao flexionar os joelhos e deixando-o pender para o lado ao esticá-los. Repita 5 vezes. Descanse.

EFEITOS   Esta postura fortalece os joelhos e as pernas, além de reduzir a rigidez nas pernas e na base da coluna. Ela ajuda a melhorar a postura e aumenta o centro de força no abdômen.

8. POSTURA DO GUERREIRO I (Virabhadrasana I) Ponha a mão esquerda no encosto da cadeira a seu lado. Afaste o pé direito cerca de uns 60 centímetros para trás, com sua ponta ligeiramente voltada para fora; mantenha o pé esquerdo voltado diretamente para a frente. Alinhe os quadris para a frente e firme as pernas; inspirando e levando o ar até o peito fique o mais ereta possível. Com a mão livre no quadril, expire e flexione lentamente o joelho esquerdo até ele ficar alinhado ao dedo médio do pé; tente manter o pé direito estendido no chão. Inspirando, endireite lentamente a perna esquerda, voltando à postura ereta. Repita 5 vezes e procure manter os quadris alinhados ao flexionar a perna. Passe para o outro lado da cadeira e repita 5 vezes com cada perna. Descanse.

Voltando ao lado inicial, repita a postura, dessa vez erguendo o braço direito para a frente enquanto flexiona a perna esquerda e inspira. Expire ao estender a perna e abaixar o braço. Repita 5 vezes de cada lado. Descanse.

EFEITOS Esta postura que implica sustentar o próprio peso, exerce uma pressão segura sobre os ossos das pernas e dos pés. Ela aumenta a mobilidade dos quadris e da base da coluna, além de ajudar a manter a flexibilidade das articulações. Ela também mostra como melhorar o equilíbrio.

9. POSTURA DO CACHORRO COM A CABEÇA SEMIVOLTADA PARA BAIXO (Ardha Adho Mukha Svanasana)

Fique em pé a cerca de um metro de distância de uma parede. Os pés devem estar paralelos e na largura dos quadris. Ponha as mãos na parede, inclinando-se para a frente a partir dos quadris e não da cintura. (Se sentir as pernas retesadas ou alguma tensão nas costas, flexione levemente os joelhos.) Ao inspirar, pressione as mãos contra a parede com os dedos apontados para cima e force os braços a ficarem retos. Expirando, afaste os quadris com ajuda das mãos, alongando a coluna. Respire uma ou duas vezes. Se for razoavelmente fácil, tente fazer suas mãos descerem alguns centímetros pela parede, e repita a ação de pressionar as mãos contra a parede ao estender os quadris para trás. Faça algumas respirações nesta postura, se possível. As mãos podem ficar eventualmente alinhadas aos quadris e, portanto, o torso paralelo ao chão. Lembre-se de trabalhar de acordo com o seu próprio ritmo e de continuar fazendo respirações lentas e completas. Para sair da postura, flexione os cotovelos e, com os pés, aproxime-se da parede. Fique parada respirando algumas vezes. Repita a postura 5 vezes. Descanse.

EFEITOS Esta postura proporciona os benefícios da sustentação do próprio peso tanto à parte superior quanto à inferior do corpo. Ela também reduz a rigidez e a tensão na parte superior das costas, do pescoço e dos ombros, assim como dos pulsos e dos tendões.

10. POSTURA SENTADA COM TORÇÃO SIMPLES (Bharadvajasana) Sente-se de lado (voltada para a direita) na cadeira, colocando os pés firmes no chão, paralelos um ao outro e afastados na largura dos quadris. Inspirando, pressione suavemente os ísquios e alongue-se através do topo da cabeça. Expire ao começar a girar, começando pela cintura e subindo lentamente para as costelas e o peito. Coloque a mão esquerda sobre o joelho esquerdo e tente colocar a mão direita nas costas da cadeira. A cada inspiração, estenda-se para cima e, a cada expiração, gire um pouquinho mais para a direita. Talvez você acabe conseguindo colocar ambas as mãos confortavelmente nas costas da cadeira. Continue soltando os ombros para trás e para baixo, de modo que o peito fique erguido e aberto. Respire 5 ou 6 vezes e volte lentamente. Respire mais uma ou duas vezes e repita a postura com o lado esquerdo.

EFEITOS Esta postura reduz a rigidez na coluna e aumenta a flexibilidade das costas. Ela também aumenta o centro da força no abdômen.

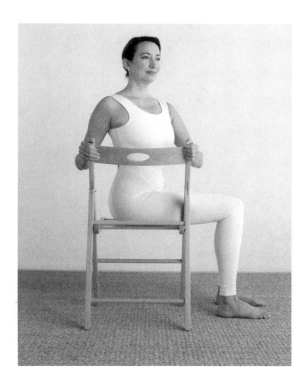

11. POSTURA DO CADÁVER (Savasana) Coloque um ou mais cobertores dobrados no chão para apoiar a cabeça e disponha de uma cadeira à mão. Deite-se de costas, com a cabeça apoiada nos cobertores de modo que o queixo e a testa fiquem alinhados, e descanse as panturrilhas no assento da cadeira de modo que as coxas fiquem em posição quase vertical. (Se você é alta, talvez precise colocar um cobertor dobrado sobre o assento da cadeira para acertar a altura das pernas.) Deixe a cabeça descansar sobre os cobertores dobrados e os ombros afundarem no chão. Respire normalmente e descanse completamente pelo menos de 5 a 10 minutos. Para sair da postura, tire os pés da cadeira, role para um lado e use os braços para erguer-se.

EFEITOS Esta postura proporciona relaxamento profundo enquanto o corpo integra os efeitos da prática.

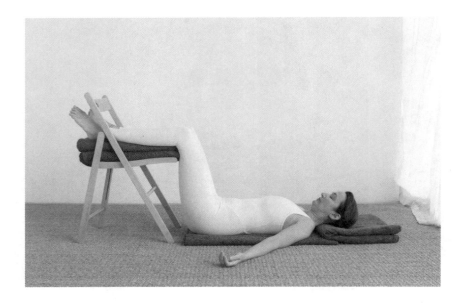

Capítulo 6

Assuma o Controle da Saúde dos seus Ossos

A LER ESTE LIVRO, VOCÊ TOMOU CONHECIMENTO DAS DIVERSAS CAUSAS DA osteoporose, bem como da sua irmã gêmea, que é a hipercifose e que, sem sombra de dúvida, sendo essa doença em grande parte causada por nosso estilo de vida ocidental, ela também pode ser prevenida e/ou remediada pela mudança desse mesmo estilo de vida. Nesse sentido, a situação é muito parecida com a do diabete tipo 2: uma percentagem das pessoas que sofrem de osteoporose tem alguma predisposição genética para a doença mas, na maioria dos casos, ela é resultante de maus hábitos, como alimentação inadequada, falta de exercícios, consumo excessivo de álcool e fumo, além de uma dose incessante de stress tanto na área profissional quanto na pessoal. Todos esses fatores causam desequilíbrios no organismo ou diminuem sua capacidade de funcionar com a eficiência com a qual a natureza o dotou. E assim, o corpo é forçado a buscar nos ossos os suprimentos de cálcio e de outros minerais essenciais para satisfazer suas necessidades diárias — suprimentos esses dos quais os ossos necessitam para permanecerem fortes e saudáveis. Como atingimos o nível máximo de massa óssea quando entramos na casa dos trinta anos, a maioria das pessoas gasta seus "dividendos" de cálcio e acaba vivendo à custa do "fundo de reserva principal" (do que resta nos seus ossos). A analogia contábil é especialmente apropriada, uma vez que, no final, a probabilidade é de você literalmente quebrar.

Também falamos muito sobre como viver com os recursos do corpo, adotando um regime que ajude a manter a saúde dos ossos. É hora de parar de falar e entrar em ação, independentemente de qual seja a sua idade. Se você é mãe, ajude seus filhos a tomarem diariamente decisões que sejam benéficas para a saúde dos ossos. Dê a eles frutas e sucos naturais em vez de refrigerantes e doces; faça-os comer verduras, grãos integrais e sementes e reduza significativamente a quantidade de carne em suas refeições. Procure também fazer com que eles consumam grandes quantidades de potássio para aliviar os efeitos negativos da carne.

Se você é adolescente, assuma o controle do seu corpo agora. Entre para um curso de yoga com um grupo de amigos e proponha que assumam uns com os outros o compromisso de irem pelo menos três vezes por semana. Aprenda a preparar lanches e refeições saudáveis para os seus amigos ou familiares e, assim, você estará beneficiando também a outras pessoas. Estabelecendo a base da saúde de seus ossos durante os anos de adolescência e antes de completar trinta anos, você terá menor probabilidade de sofrer fraturas ósseas mais tarde.

Você está grávida? Lembre-se que ossos fortes começam no útero e, portanto, coma, respire e faça exercícios tanto pelos ossos de seu filho quanto pelos seus.

E se, como muitas de nós, você atingiu "certa idade" sem ter se cuidado como deveria, não se desespere. Apesar da atmosfera de fatalidade envolvendo a osteoporose na mídia popular, estudo após estudo vêm demonstrando que, com um regime apropriado, até mesmo pessoas idosas podem aumentar seus níveis de massa e densidade ósseas. Portanto, comece agora. Deixe de fumar e abandone ou reduza o consumo de álcool. Dê a seu corpo o combustível do qual ele necessita para manter um equilíbrio saudável e, assim, poder parar de fazer empréstimos das reservas de minerais de seus ossos. Isso implica mudar sua alimentação, acrescentando grandes quantidades de folhas verdes e muitas porções diárias de frutas, lentilhas, sementes, castanhas e grãos integrais. Levantar-se do sofá e fazer no mínimo trinta minutos de exercícios que requerem sustentação do próprio peso, especialmente de yoga, todo dia, para poder aumentar a força e a flexibilidade dos seus músculos e ossos. E veja como pode reduzir o nível de stress na sua vida — ou, pelo menos, controlar o modo como o seu corpo e a sua mente reagem ao stress do mundo de hoje. Faça isso não apenas pela saúde dos seus ossos, mas também em benefício de cada aspecto do seu bem-estar físico, mental e espiritual.

Não se esqueça de rir, desfrute da companhia das pessoas que você ama e curta estar em comunhão com a natureza. Medite, leia mais, nutra-se. Quantas vezes você já ouviu dizer que "seu corpo é um templo"? E de fato, ele é um templo que requer um alicerce forte, porém flexível para poder abrigar o ser vivo, aberto e amoroso que mora no seu interior. O yoga pode ajudar você a descobrir esse ser e dar a ele o respeito que merece. O yoga pode fortalecer seus ossos de muitas maneiras e, tão importante quanto, ele também vai acalmar sua mente e confortar seu espírito. Lembre-se de que você merece ter um corpo forte, belo e saudável e criar um plano de saúde óssea é uma ótima maneira de começar a trabalhar por ele.

Referências

NESTA LISTA DE REFERÊNCIAS, EU INCLUÍ LIVROS, REVISTAS, VÍDEOS E OUTRAS fontes de informação que podem ajudá-la na sua jornada para o bem-estar.

MATERIAL DE LEITURA

Esta seção inclui as publicações e os artigos que foram mencionados no livro, além de outras referências que possam ser úteis.

Livros

Brown, Susan. *Better Bones, Better Body: Beyond Estrogen and Calcium.* Nova York: McGraw Hill, 2002.

Fuchs, Nan Kathryn. *User's Guide to Calcium and Magnesium: Learn What You Need to Know about How These Nutrients Build Strong Bones.* North Bergen, N.J.: Basic Health Publications, 2002.

Gaby, Alan. *Preventing and Reversing Osteoporosis: What You Can Do about Bone Loss — A Leading Expert's Natural Approach to Increasing Bone Loss.* Nova York: Prima Publishing, 1995.

Gladstar, Rosemary. *Herbal Healing for Women: Simple Home Remedies for Women of All Ages.* Nova York: Simon & Schuster, 1993.

Hawkins, Steven e Bea Beckman. *The Effect of Yoga on Bone Mineral Density and Body Composition in Adult Women.* Inédito, 2000.

Iyengar, B. K. S. *Light on Yoga: Yoga Dipika.* Nova York: Schocken Books, 1979. [*A Luz da Yoga*, publicado pela Editora Cultrix, São Paulo, 1986.]

_____, trad. *Seventy Glorious Years of Yogacharya.* Puna, Índia: Light on Yoga Trust, 1990.

Iyengar, Geeta. *Yoga: A Gem for Women.* Palo Alto, Califórnia: Timeless Books, 1990.

Lonsdorf, Nancy, Veronica Butler e Melanie Brown. *A Woman's Best Medicine: Health, Happiness, and Long Life through Ayurveda.* Nova York: Putnam, 1993.

Love, Susan. *Dr. Susan Love's Hormone Book: Making Informed Choices about Menopause.* Nova York: Random House, 1997.

Maddern, Jan. *Yoga Builds Bones: Easy, Gentle Stretches That Prevent Osteoporosis.* Gloucester, Massachusetts: Fair Winds Press, 2001.

Northrup, Christiane. *Women's Bodies, Women's Wisdom: Creating Physical and Emotional Health and Healing.* Nova York: Bantam Books, 1998.

Pert, Candace B. *Molecules of Emotion: Why You Feel the Way You Feel.* Nova York: Scribner, 1997.

Raman, Krishna. *A Matter of Health.* Madras, India: East-West Books, 1998. (Disponível nos centros de Yoga Iyengar.)

Robertson, Joel C., com Tom Monte. *Natural Prozac: Learning to Release Your Body's Own Antidepressants.* Nova York: HarperCollins, 1997.

Scaravelli, Vanda. *Awakening the Spine: The Stress-Free New Yoga That Works the Body to Restore Health, Vitality, and Energy.* San Francisco: HarperSanFrancisco, 1991.

Schatz, Mary. *Back Care Basics: A Doctor's Gentle Program for Back and Neck Pain Relief.* Berkeley, Califórnia: Rodmell Press, 1992.

Weed, Susun S. *Menopausal Years: The Wise Woman Way.* Woodstock, Nova York: Ash Tree, 1992.

Woodman, Marion, com Jill Mellick. *Coming Home to Myself: Daily Reflections for a Woman's Body and Soul.* Berkeley, Califórnia: Conari Press, 1998.

Jornais, Informativos e Revistas

Canley, Jane, et. al. "Effects of Hormone Replacement Therapy on Clinical Fractures and Height Loss: The Heart and Estrogen/Progestin Replacement Study (HERS)." *American Journal of Medicine* 110, nº 6 (2001): 442-50.

Chapuy, M. "Vitamin D_3 and Calcium to Prevent Hip Fractures in Elderly Women." *New England Journal of Medicine* 327, nº 3 (3 de dezembro de 1992): 1637-642.

Greenberg, R.P., R. F. Bornstein, M. J. Zborowski, S. Fisher e M. D. Greenberg. "A Meta-analysis of Fluoxetine Outcome in the Treatment of Depression". *Journal of Nervous and Mental Diseases* 182, nº 10 (1994): 547-51.

Greendale, Gail A., Anna McDivit, Annie Carpenter, et. al. "Yoga for Women with Hyperkyphosis: Results of a Pilot Study." *American Journal of Public Health* 92, nº 10 (2002): 1611-614.

Schatz, Mary. "You Can Have Healthy Bones." *Yoga Journal.* (Março/abril de 1988): 49-50.

Informações por Assinatura

HerbalGram, P.O. Box 144345, Austin, TX 78714. Fone: (512) 926-4900; Website: herbalgram.org.

The Herb Quarterly, 1041 Shary Circle, Concord, CA 94518. Website: herbquarterly.com.

The Lark Letter, 7811 Montrose Road, Potomac, MD 20854. Website: drlark.com; E-mail: letters@drlark.com.

Yoga International. Fone: (800) 253-6243; Website: himalayaninstitute.org.

Yoga Journal, 2054 University Ave., Berkeley, CA 94704. Fone: (800) 600-9642; Website: yogajournal.com.

ORGANIZAÇÕES E SITES NA INTERNET

As seguintes organizações fornecem informações mais detalhadas sobre uma ampla variedade de doenças e problemas de saúde:

American Botanical Council (ABC), P.O. Box 201660, Austin, TX 78720. Fone: (512) 926-4900; Website: herbalgram.org.

Herb Research Foundation, 1007 Pearl St., #200, Boulder, CO 80302. Fone: (303) 449-2265; Website: herbs.org.

National Black Woman's Health Project, 1211 Connecticut Ave. NW, #310, Washington, DC 20036. Fone: (202) 835-0117; Website: nbwhp.org.

National Institute of Mental Health, NIMH Public Inquiries, 6001 Executive Blvd. 8184, MSC 9663, Bethesda, MD 20892-966. Fone: (301) 443-4513; Website: nimh.nih.gov; E-mail: nimhinfo@nih.gov.

National Osteoporosis Foundation, 1232 22nd St. NW, Washington, DC 20037. Fone: (202) 223-2226; Website: nof.org.

Osteoporosis and Women's Health. Website: osteoporosis-and-womens-health.com.

Osteoporosis Education Project: Rethinking Osteoporosis, 605 Franklin Park Dr., East Syracuse, NY 13057. Fone: (315) 437-9384; Website: betterbones.com; E-mail: info@betterbones.com.

Women's Health Initiative (WHI), 1 Rockledge Center, Suite 300, MS 7966, Bethesda, MD 20892. Fone: (301) 402-2900; Website: hhlbi.nih.gov/whi. (The National Institutes of Health criou o projeto WHI em 1991 para investigar as causas mais comuns de morte, invalidez e redução da qualidade de vida em mulheres depois da menopausa. Esses estudos com 167.000 mulheres vão examinar a eficácia da terapia de reposição hormonal, da alimentação e dos suplementos de vitaminas, bem como procurar identificar indicadores de doenças e entender como a comunidade aborda o comportamento saudável.)

Women's International Pharmacy, 5708 Monona Dr., Madison, WI 54716. Fone: (800) 279-5708; Website: womensinternational.com; E-mail: info@womensinternational.com.

VÍDEOS, FITAS CASSETE E OUTROS PRODUTOS

Vídeos

AM and PM Yoga for Beginners com Rodney Yee e Patricia Walden (conjunto de dois vídeos).

Flowing Yoga Postures for Beginners com Lilias Folan.

Prenatal Yoga com Colette Crawford.

Prenatal Yoga com Shiva Rea.

Yoga for Round Bodies (volumes 1 e 2) com Linda DeMarco e Genia Pauli Haddon.

Yoga Journal's Practice Series:

    Yoga Practice: Introduction com Patricia Walden

    Yoga Practice for Beginners com Patricia Walden

    Yoga Practice for Flexibility com Patricia Walden

    Yoga Practice for Strength com Rodney Yee

    Yoga Practice for Relaxation com Patricia Walden e Rodney Yee

    Yoga Practice for Energy com Rodney Yee

    Yoga Practice for Meditation com Rodney Yee

Fitas Cassete

Discover Yoga com Lilias Folan

Discover Serenity com Lilias Folan.

Produtos

Os seguintes fornecedores de pedidos por reembolso postal oferecem uma grande variedade de produtos que podem ajudá-la na sua prática de yoga, incluindo esteiras, cobertores, blocos, almofadas, cintos, apoios para as posturas invertidas e até mesmo roupas. Entre diretamente em contato com as empresas para saber o que cada uma fornece.

REFERÊNCIAS 155

Body Lift. Fone: (888) 243-3279; Website: ageeasy.com.

Hugger Mugger Yoga Products. Fone: (800) 473-4888; Website: huggermugger.com.

Produtos de Lilias: naturaljourneys.com.

Catálogo da *Living Arts*. Fone: (800) 254-8464; Website: gaiam.com.

Tools for Yoga: Fone: (888) 678-9642; Website: yogapropshop.com.

Yoga Accessories. Fone: (800) 990-9642; Website: yogaaccessories.com.

Yoga Mats. Fone: (800) 720-9642; Website: yogamats.com.

YogaPro. Fone: (800) 488-6414; Website: yogapro.com.

Yoga Props. Fone: (888) 856-9642; Website: yogaprops.net.

Yoga Shop 4U. Fone: (401) 353-3513; Website: yogashop4u.com.

Yoga Wear. Fone: (800) 217-0006; Website: www.mariewright.net.

Agradecimentos

SÃO MUITAS AS PESSOAS ÀS QUAIS DEVO GRATIDÃO POR TEREM ME AJUDADO A concluir este livro. É claro que a primeira pessoa da minha lista é Patricia Walden. Sinto que é uma verdadeira bênção tê-la como professora, co-autora e, sobretudo, como amiga. Além de criar meticulosamente as seqüências, Patricia compartilhou sua sabedoria e sua vasta experiência em yoga e saúde da mulher e ajudou-me a equilibrar o stress que pesquisar e escrever acarretou com uma boa dose de humor. Tenho uma profunda gratidão pelo trabalho de B. K. S. Iyengar, um yogue moderno e gênio terapêutico, e de sua filha Geeta, que é uma verdadeira pioneira no campo do yoga relacionado com a saúde da mulher. A inspiração e os ensinamentos de Patricia vêm de sua longa associação com os Iyengar: sem o trabalho pioneiro deles, este livro (como tantos outros) simplesmente não seria possível.

Annie Carpenter — que jóia preciosa! Ela merece um agradecimento muito especial por ter de maneira tão desinteressada conseguido encontrar tempo em sua já sobrecarregada agenda como professora para vir de avião a San Francisco e dedicar horas para falar sobre ossos. Na verdade, nós passamos juntas horas e horas seguidas falando sobre "ossos". Ela forneceu as seqüências para a cifose e a osteoporose e falou com muito carinho das mulheres com quem trabalhou; seu entusiasmo foi realmente contagiante. Quando ela foi para Los Angeles, eu fiquei com montes de anotações e uma nova amizade.

Sou grata também à doutora Gail Greendale, da UCLA, por ter passado mais tempo do que com certeza tinha disponível falando sobre yoga e cifose; à Sylvia Unger que continua fazendo yoga "em sua mente" e que com tanta boa vontade deu-me seu ponto de vista de conhecedora; e à doutora em filosofia Susan E. Brown, por ter-me mostrado pacientemente a osteoporose de uma perspectiva histórica e por cortesmente ter escrito o prefácio a este livro.

Sou eternamente grata às pessoas que acreditaram desde o princípio neste projeto: a meu agente, Joe Spieler que, juntamente com Peter Turner e Jonathan Green da Shambhala Publications, encarregou-se de todos os detalhes; aos extraordinários editores Jim Keough e Karen Steib, por terem tornado meu texto muito melhor do que eu seria capaz; aos artistas gráficos Steve Dyer e Greta Sibley pela criação de um belo produto final; e ao publicitário Peter Bermudes por ter assegurado que o mundo inteiro tomasse conhecimento dele. Absolutamente todo mundo deveria ter uma editora como Emily Bower — ela deu-me um empurrão quando eu mais precisava e segurou minha mão (de Boston até a Califórnia) quando eu precisei de estímulo, tomando providências o tempo todo para que conseguíssemos cumprir nossos prazos.

Tive muita sorte em poder trabalhar de novo com o fotógrafo David Martinez. Agradeço-lhe do fundo do meu coração por sua paciência, *imperturbabilidade* (se é que existe uma palavra como essa!), assim como pela escolha de seus assistentes, Aneata Ferguson e Charlie Nucci. Sou extremamente grata à Eleanor Williams e Catherine de los Santos. Essas duas yogues foram tão generosas que adaptaram seus próprios horários de aula e compromissos para servirem de modelos às belas posturas que você pode apreciar nas páginas deste livro. Brenda Beebe, proprietária da Yoga Mats em San Francisco, é também uma excelente amiga que generosamente forneceu os acessórios mostrados nas seqüências.

Sou grata a todos os professores que trabalham comigo no San Francisco Bay Club e Bay Club Marin por terem-me ouvido mês após mês falar em ossos — especialmente Lee Monozon, Leigh Threlkel, Amy Stone e meu querido assistente Erin Peary, por ter segurado sozinho as pontas toda vez que eu me recolhia ao computador para escrever. Muito obrigada a Nestor Fernandez e Jim Gerber, meus "chefes", que me dispensaram para escrever e a meus companheiros de escrita, Stephen Cope, Kathryn Arnold e Anne Cushman, que acreditaram incondicionalmente em mim. Acima de tudo, quero agradecer a meus professores — Patricia Sullivan, Sarah Powers, Sharon Gannon, Bri Maya Tiwari, Marion Woodman, Ty Powers, Sharon Salzburg, Patty Craves e Janice Gates. Eles contribuíram mais do que imaginam para meu próprio entendimento dessa prática profunda e contínua, e todos eles, individual e coletivamente, me deram ânimo e, assim, tiveram uma enorme participação no processo da minha própria cura.

Finalmente, eu jamais teria conseguido terminar este livro sem o amor e o apoio que tenho em casa, especialmente de meu marido e editor Jim Keough. Apesar de nossas filhas Sarah e Megan não morarem mais conosco, a torcida delas a distância me fez prosseguir, e seus convites para visitá-las proporcionaram-me a dose certa de distração de que eu precisava. *Yoga para a Saúde dos Ossos* é claramente um projeto coletivo. Se deixei de lado algum nome, por favor saiba que logo eu vou perceber isso no fundo do meu coração e gritar um muito obrigada para todo mundo ouvir.